もくじ・学習の記録

JN078050

本文イラスト：藤木つみね

入試までの勉強法

【合格へのステップ】

3月

- 1・2年の復習
- 苦手教科の克服

苦手を見つけて早めに克服していこう！ 国・数・英の復習を中心にしよう。

7月

- 3年夏までの内容の復習
- 応用問題にチャレンジ

夏休み中は1・2年の復習に加えて，3年夏までの内容をおさらいしよう。社・理の復習も必須だ。得意教科は応用問題にもチャレンジしよう！

9月

- 過去問にチャレンジ
- 秋以降の学習の復習

いよいよ過去問に取り組もう！できなかった問題は解説を読み，できるまでやりこもう。

12月

- 基礎内容に抜けがないかチェック！
- 過去問にチャレンジ
- 秋以降の学習の復習

基礎内容を確実にすることは，入試本番で点数を落とさないために大事だよ。

本番！

【本書の使い方と特長】

はじめに

高校入試問題のおよそ7割は，中学1・2年の学習内容から出題されています。
そこから苦手なものを早いうちに把握して，計画的に勉強していくことが，
入試対策の重要なポイントになります。
本書は必ずおさえておくべき内容を1日4ページ・10日間で学習できます。

ステップ1

各単元の基本的な文法事項を確認しよう。
自分の得意・不得意な内容を把握しよう。

ポイント
更に知っておく
とよい情報。よ
り深く学んでみ
よう。

ここに注意
間違えやすいポ
イント。確認し
ておこう。

ステップ2

制限時間と配点がある演習問題で，ステップ1の内容が身についたか確認しよう。
⬆の問題もできると更に得点アップ！

高校入試 準備 テスト

実際の公立高校の入試問題で力試しをしよう。
制限時間と配点を意識しよう。

わからない問題に時間を
かけすぎずに，解答と解
説を読んで理解して，も
う一度復習しよう。

別冊解答

入試につながる で，入試に向けて注意すべき点や覚えて
おきたい点について確認しよう。
⬆パワーアップで，学んだ内容を例文で復習しよう。

無料動画については裏表紙をチェック

be 動詞・一般動詞

❶ be 動詞の役割は「＝（イコール）」！

次の文の___に am，are，is のいずれかを入れなさい。

(1) We _____ baseball fans.

(2) I _____ free today.

(3) Yuki and I _____ good friends.

(4) Ms. Green _____ our teacher.

(5) You _____ a good soccer player.

(6) Sam _____ in the park now.

---

① 〈主語＋ be 動詞＋名詞 .〉
　　Mr. Mori is a doctor.　（森さんは医者です）
　　「森さん」　＝　「医者」

② 〈主語＋ be 動詞＋形容詞 .〉
　　Lisa　is　kind.　（リサは親切です）
　　「リサ」　＝　「親切な」
＊ be 動詞は「（～に）ある［いる］」という意味もある。
　　Our school is near the park.　（私たちの学校は公園の近くにあります）
　　　　　　　　　　　└場所を表す語句「公園の近くに」

- am, are, is はもとの形が be なので，**be 動詞**という。
- be 動詞は，主語により am, are, is を使い分ける。

主語	be 動詞
I	am
you や複数	are
三人称単数	is

「複数」…2つ［2人］以上
「三人称単数」…I, you 以外の1つのもの［1人の人］

ポイント
- 〈主語＋ be 動詞〉は短縮して1語で表すこともできる。
　I + am → I'm
　you / we + are
　　　→ you're / we're

❷ 一般動詞は「be 動詞以外のすべての動詞」！

（　）内から適切な語を選びなさい。

(1) Aya (play, plays, plaies) tennis every day.

(2) I (have, has, haves) a dog.

(3) Jun and Mike (like, likes) music.

(4) Emi (study, studys, studies) English hard.

(5) My brother (do, does, dos) his homework before dinner.

---

① 主語が I, you, 複数
　　┌動詞はそのまま
　　I live in Osaka.　（私は大阪に住んでいます）

② 主語が三人称単数
　　　　　┌動詞の語尾に -(e)s を付ける
　　Hiroshi lives in Hokkaido.　（ヒロシは北海道に住んでいます）

- 主語が**三人称単数**のときは，一般動詞の語尾に **-(e)s** を付ける。

語　尾	付け方
ふつう	**-s** を付ける likes, knows, uses, wants
-s,-sh,-ch, -x,-o	**-es** を付ける teaches, goes
〈子音字 ＋ y〉	**-y を i にかえて -es** を付ける studies

ここに注意
- **have** は **has** になる。
- 語尾が〈**母音字＋ y**〉のときは **-s** を付ける。
　（例）play → plays

4

③ 否定文は〈be 動詞＋not〉,〈do[does] not ＋動詞の原形〉の順!

■▶ 各文を否定文にしなさい。

(1) I am Peter's sister. _____

(2) That is my ball. _____

(3) Lisa likes tennis. _____

(4) They play the piano. _____

> ① be 動詞の否定文
>
> Mr. Mori is　　　 a doctor.
>
> → Mr. Mori is　not　a doctor.
> 　　　　　　　└─be 動詞のあとに not
>
> ②一般動詞の否定文（主語が三人称単数のとき）
>
> Hiroshi　　　　　　　 lives in Hokkaido.
>
> → Hiroshi　 does not　 live　 in Hokkaido.
> 動詞の前に does not ─┘ 　└─動詞はもとの形[原形]に

• 主語が I,you や複数のとき
　→〈do not ＋動詞の原形〉
　主語が**三人称単数**のとき
　→〈does not＋動詞の原形〉

ここに注意
• do[does] not のあとは,
常に動詞の原形がくる。

---

④ 疑問文は〈be 動詞＋主語〉,〈Do[Does] ＋主語＋動詞の原形〉の順!

■▶ (1)～(3)は____に適切な語を入れなさい。(4)(5)は(　)内から適切な語を選びなさい。

(1) _____ this your bag?　── Yes, it is.

(2) _____ you a tennis player?　── Yes, I am.

(3) _____ Mai in her room now?

　　── No, she _____ not.

(4) (Do, Does) your father (like, likes) baseball?

　　── No, he (do, does) not.

(5) What (do, does, is) Emi (be, do, does) after school?

　　── She practices *kendo*.

> ① be 動詞の疑問文　　 Mr. Mori is a doctor.
> 　　　　　　　　　be 動詞を主語の前に
>
> 　　　　　　　→ Is　 Mr. Mori　 a doctor?
>
> ②一般動詞の疑問文（主語が三人称単数のとき）
>
> 　　　　　　　　　Hiroshi lives in Hokkaido.
>
> 　　　　　　 → Does　 Hiroshi　 live　 in Hokkaido?
> 主語の前に Does ─┘　　　　　　 └─動詞はもとの形[原形]に
>
> ③ what, when, where などの疑問詞で始まる疑問文
> 　[be 動詞]〈疑問詞＋ be 動詞＋主語 ～?〉
> 　[一般動詞]〈疑問詞＋ do[does] ＋主語＋動詞の原形 ～?〉

ポイント
•〈be 動詞＋ not〉,
〈do[does] not〉は短縮して 1 語で表すこともできる。

　are + not　→ aren't
　is + not　 → isn't
　do + not　 → don't
　does + not → doesn't

ここに注意
• am not は「amn't」とはならない。→ I'm not

• 主語が I,you や複数のとき
　→〈Do ＋**主語**＋動詞の原形～?〉
　主語が**三人称単数**のとき
　→〈Does ＋**主語**＋動詞の原形～?〉

be 動詞・一般動詞

1 次の文の( )内から適切な語を選び，記号を○で囲みなさい。 (3点×4)

(1) Takuya（ ア am イ are ウ is ）from Saga.

(2) You（ ア am イ are ウ is ）my good friends.

(3) My grandfather（ ア live イ lives ウ are ）in Fukuoka.

(4) Michael（ ア isn't イ don't ウ doesn't ）watch TV after dinner.

2 次の会話が成り立つように，＿＿に適切な語を入れなさい。 (4点×5)

(1) *A:* ＿＿＿＿＿＿ you busy now?

  B: No, ＿＿＿＿＿＿ not.

(2) *A:* ＿＿＿＿＿＿ you know that girl over there?

  B: Yes, I ＿＿＿＿＿＿.　That's Jim's sister.

(3) *A:* What ＿＿＿＿＿＿ that?

  B: It's a library.

(4) *A:* ＿＿＿＿＿＿ these boys your brothers?

  B: No, they ＿＿＿＿＿＿.

(5) *A:* ＿＿＿＿＿＿ Judy want a dog?

  B: No, she does ＿＿＿＿＿＿.

3 日本語の意味を表すように，＿＿に適切な語を入れなさい。 (4点×4)

(1) このバスは市立病院へ行きますか。

  ＿＿＿＿＿＿ this bus ＿＿＿＿＿＿ to City Hospital?

(2) アンは毎日，日本語を勉強します。

  Ann ＿＿＿＿＿＿ Japanese every day.

(3) アキとミカはテニスの選手ではありません。

  Aki and Mika ＿＿＿＿＿＿ ＿＿＿＿＿＿ tennis players.

(4) 私の兄は車を持っていません。

  My brother ＿＿＿＿＿＿ ＿＿＿＿＿＿ a car.

4 各組の英文がほぼ同じ意味になるように，＿＿に適切な語を入れなさい。 (4点×2)

(1) { Ken is a good baseball player.

  { Ken ＿＿＿＿＿＿ baseball well.

(2) { Your bag is very nice.

  { You ＿＿＿＿＿＿ a very nice bag.

5 日本語の意味を表すように，（ ）内の語（句）を並べかえなさい。

（不要な語（句）が１つずつあります）　　　　　　　　　　　　　　　　　（4点×3）

(1) これは私の本ではありません。

（ are / not / book / this / my / is ）.

_____.

(2) アンディは毎朝公園で走ります。

（ the park / every / Andy / is / in / runs ）morning.

_____ morning.

(3) このマンガは私たちのクラスで人気があります。

（ popular / is / comic book / this / has ）in our class.

_____ in our class.

6 次の絵を見て，与えられた単語を使い，次の英文を完成させなさい。　（4点×3）

(1) 「私の兄はとても～です」と言う場合。

My brother _____.

(2) 「鈴木先生は私たちに～します」と言う場合。

Mr. Suzuki _____ to us.

(3) 「私のおばは～に住んでいます」と言う場合。

My aunt _____.

7 （ ）内の語（句）を使って，日本語を英語になおしなさい。〔(1)～(3)〕　（5点×4）

　　（ ）内の語を使って，日本語の表す状況を英語で表しなさい。〔(4)〕

(1) あなたのバッグは机の下にあります。（ is, the desk ）

_____

(2) 私の姉は朝食を食べません。（ eat ）

_____

(3) 山本さんはネコを２ひき飼っています。（ Ms. Yamamoto ）

_____

(4) 相手に出身地をたずねるとき。（ are, from ）

_____

現在・過去

解答 別冊 p.4

① 現在形は「現在・過去・未来にあてはまること」を表す！

➡ ( )内から適切な語を選びなさい。

(1) Mike and Jun (are, is) in the gym now.

(2) I (am, play) tennis every Sunday.

(3) The flower (is, go) beautiful.

(4) Tom (have, has) a lot of CDs.

---

① 現在形は「今」のことだけを表すのではない。…現在形は「今」という一
瞬だけでなく, 現在を中
心として過去や未来を多

今

過去　　　現在　　　未来

少含んだ時間の中の「現
在」を表すことが多い。

② 現在形の用法
- 現在の状態　I am fourteen years old.　（私は14歳です）
- 現在の習慣的な動作

Emi gets up at six every day.　（エミは毎日6時に起きます）

→6時に起きるという習慣を表す。
- 不変の真理や事実

The earth goes around the sun.　（地球は太陽のまわりを回ります）

---

② 過去のことを表すときは, 動詞を過去形にする！

➡ ( )内の語を適切な形にかえなさい。

(1) Lisa (is) a singer ten years ago.　＿＿＿＿＿

(2) I (cook) dinner last Saturday.　＿＿＿＿＿

(3) Ken (come) home at five yesterday.　＿＿＿＿＿

---

① 過去形は過去の動作や状態, 習慣などを表す。
② be 動詞の過去形は, 主語によって was と were を使い分ける。
一般動詞の過去形は -(e)d を付けるものと不規則に変化するもの
がある。
- be 動詞の文　　　　　　I was at home yesterday.
am, is → was　　　are → were　└─am の過去形
- 一般動詞（規則動詞）の文　Sam played soccer last Sunday.
語尾に -(e)d を付ける。　　　└─play に -ed を付ける
- 一般動詞（不規則動詞）の文　Emi made a cake yesterday.
不規則に変化する。　　　　　　└─make の過去形

- be 動詞は主語により am, are, is を使い分ける。

主 語	be 動詞
I	am
you や複数	are
三人称単数	is

- 主語が三人称単数のときは, 一般動詞の語尾に -(e)s を付ける。

主 語	一般動詞
I, you, 複数	そのまま
三人称単数	語尾に -(e)s

- 過去形の be 動詞は主語により was, were を使い分ける。

主 語	be 動詞
I, 三人称単数	was
you や複数	were

- 一般動詞の過去形は主語が何であっても同じ形。

語尾	付け方
ふつう	-ed play → played
-e	-d use → used
〈子音字 + y〉	-y → -ied study → studied
〈短母音 + 子音字〉	子音字を重ねて -ed stop → stopped

- 不規則動詞の例

原形	過去形	原形	過去形
eat	ate	put	put
get	got	see	saw
go	went	teach	taught
have	had	tell	told
make	made	write	wrote

③ 過去の否定文は〈過去形のbe動詞＋not〉,〈did not＋動詞の原形〉の順！

■▶日本語の意味を表すように，____に適切な語を入れなさい。

(1) その試合はわくわくしませんでした。

The game _____ _____ exciting.

(2) 私は昨日，学校へ行きませんでした。

I _____ _____ _____ to school yesterday.

(3) これらの木は10年前は大きくありませんでした。

These trees _____ _____ big ten years ago.

---

① be 動詞の過去の否定文

　　　Tom　was　　　hungry then.

　→ Tom　was　not　hungry then.
　　　　　　　└─was, were のあとに not

② 一般動詞の過去の否定文

　　　My sister　　　　made a cake yesterday.

　→ My sister　did not　make a cake yesterday.
　　動詞の前に did not ─┘　　└─動詞は原形に

---

④ 過去の疑問文は〈過去形のbe動詞＋主語〉,〈Did＋主語＋動詞の原形〉の順！

■▶次の文を疑問文に書きかえ，____に適切な語を入れて答えの文を完成させなさい。

(1) Kenta was at home.

_____ ── Yes, he _____.

(2) You were tired.

_____ ──No, I _____ _____.

(3) Mika visited Kyoto.

_____ ──Yes, she _____.

---

① be 動詞の過去の疑問文

　　　　Jun　was a soccer player then.

　　　　　　　　　be 動詞を主語の前に

　→ Was　Jun　　　a soccer player then?

② 一般動詞の過去の疑問文

　　　　Emi　went to Nara last month.

　→ Did　Emi　　go　to Nara last month?
　主語の前に Did ─┘　　└─動詞は原形に

サイドノート（右欄）

• 主語が何であっても〈did not ＋動詞の原形〉。

ここに注意

• did not のあとの動詞は常に原形になる。

ポイント

• 〈過去形の be 動詞＋not〉,〈did not〉は短縮して1語で表すこともできる。
was + not → wasn't
were + not → weren't
did + not → didn't

• be 動詞の疑問文には be 動詞を使って答える。
(例) Were you in the library then? ──Yes, I was.

• 主語が何であっても〈Did ＋主語＋動詞の原形～？〉。Did ～? には did を使って答える。
(例) Did you call Lisa yesterday? ──No, I did not[didn't].

現在・過去

1 次の文の（　）内の語を適切な形にかえなさい。かえる必要がなければ，そのまま書きなさい。

(3点×3)

(1) Yumi (have) two brothers.　They like baseball very much.　＿＿＿＿＿＿

(2) We (are) in the music room yesterday afternoon.　＿＿＿＿＿＿

(3) Jim (call) me last night.　＿＿＿＿＿＿

2 日本語の意味を表すように，＿＿に適切な語を入れなさい。 (4点×5)

(1) サムは先月，日本に来ました。

Sam ＿＿＿＿＿＿ to Japan ＿＿＿＿＿＿ month.

(2) 母は夕食後にテレビを見ません。

My mother ＿＿＿＿＿＿ ＿＿＿＿＿＿ TV after dinner.

(3) 沖縄では楽しく過ごしましたか。

＿＿＿＿＿＿ you ＿＿＿＿＿＿ a good time in Okinawa?

(4) 私は今，忙しくありません。

＿＿＿＿＿＿ ＿＿＿＿＿＿ busy now.

(5) エミとアキはそのときテニス部の部員ではありませんでした。

Emi and Aki ＿＿＿＿＿＿ ＿＿＿＿＿＿ members of the tennis team then.

3 次の会話が成り立つように，＿＿に適切な語を入れなさい。 (4点×4)

(1) *A:* ＿＿＿＿＿＿ you practice tennis yesterday?

B: No, I ＿＿＿＿＿＿.

(2) *A:* Where ＿＿＿＿＿＿ you last Sunday?

B: I ＿＿＿＿＿＿ in the park.

(3) *A:* ＿＿＿＿＿＿ Mike like *sushi*?

B: Yes, he ＿＿＿＿＿＿.　He likes *sukiyaki*, too.

(4) *A:* When ＿＿＿＿＿＿ your soccer game?

B: It's next Saturday.

4 次の文を（　）内の指示に従って書きかえなさい。 (4点×2)

(1) Lisa bought a book last Sunday.　（疑問文に）

＿＿＿＿＿＿＿＿＿＿＿＿＿＿＿＿＿＿＿＿＿＿＿＿＿＿

(2) Ann got up early this morning.　（否定文に）

＿＿＿＿＿＿＿＿＿＿＿＿＿＿＿＿＿＿＿＿＿＿＿＿＿＿

5 日本語の意味を表すように，（　）内の語(句)を並べかえなさい。
（不要な語(句)が１つずつあります） (4点×3)

(1) ケンは昨日，家にいませんでした。

（ not / Ken / did / home / was / at ）yesterday.

_____ yesterday.

(2) タロウはおじさんに手紙を書きませんでした。

（ his uncle / wasn't / to / Taro / write / didn't ）.

_____ .

(3) これらの市は 100 年前は小さな村でした。

（ villages / these / had / cities / small / were ）100 years ago.

_____ 100 years ago.

6 カオリの昨日の様子を示した絵を見て，与えられた語(句)を適する形にかえ，次の英文を完成
させなさい。 (5点×3)

(1) 絵：時計 7時 / get up　(2) 絵：車 wash　(3) 絵：I be(am/are/is) do the in / study

(1) カオリが７時にしたことを言う場合。

Kaori _____ .

(2) 「父親といっしょに〜した」と言う場合。

Kaori _____ with her father.

(3) 「部屋で〜した」と言う場合。

Kaori _____ in her room.

7 （　）内の語(句)を使って，日本語を英語になおしなさい。〔(1)〜(3)〕 (5点×4)
（　）内の語を使って，日本語の表す状況を英語で表しなさい。〔(4)〕

(1) 私は昨日，ミキ(Miki)に会いませんでした。(see)

_____

(2) あなたとジム(Jim)は昨年，同じクラスでしたか。(the same)

_____

(3) 私のイヌはそのとき２歳でした。(dog, then)

_____

(4) 相手に，この前の土曜日は何をしたのかたずねるとき。(do, last)

_____

進行形・未来の表現

① 「(今)〜している」は〈am[are, is] ＋動詞の -ing 形〉！

▬▶ (　)内から適切な語を選びなさい。

(1) Lisa is (eat, eating) lunch.

(2) My brothers (are, is) playing tennis now.

(3) We (are, do) not listening to music.

(4) (Does, Is) Naoko using the computer?

> ① 現在進行形は，まさに今動作が進行していることを表す。
>
> Paul is singing now.
>
> 現在形の be 動詞 —↑　　↑— 動詞の -ing 形
>
> ② 現在進行形の否定文
>
> Paul is not singing now.
>
> ↑— be 動詞のあとに not
>
> ③ 現在進行形の疑問文
>
> Is Paul singing now? —— Yes, he is. / No, he isn't.
>
> ↑— be 動詞を主語の前に

• am, are, is は主語によって使い分ける。(→ p.4)

• 動詞の -ing 形は，動詞の語尾によって ing の付け方が異なる。

語尾	付け方
ふつう	-ing cook → cooking
-e	e をとって -ing make → making
〈短母音＋子音字〉	子音字を重ねて -ing sit → sitting
-ie	-ie を y にかえて -ing die → dying

[注] die = 死ぬ

▶ポイント

• 進行形になるのは**動作を表す動詞**。状態や人の気持ちを表す動詞は進行形にできない。
(例) have（「持っている」という意味の場合），know, like などは進行形にできない。

② 「(そのとき)〜していた」は〈was[were] ＋動詞の -ing 形〉！

▬▶ (　)内の語を適切な形にかえなさい。

(1) We were (study) English then.　　_____

(2) I was (write) an e-mail.　　_____

(3) They (are) not watching TV then.　　_____

(4) (Is) Miki making dinner at that time?　　_____

> ① 過去進行形は，過去のあるときに動作が進行していたことを表す。
>
> Paul was singing then.
>
> 過去形の be 動詞 —↑　　↑— 動詞の -ing 形
>
> ② 過去進行形の否定文
>
> Paul was not singing then.
>
> ↑— be 動詞のあとに not
>
> ③ 過去進行形の疑問文
>
> Was Paul singing then? ——Yes, he was. / No, he wasn't.
>
> ↑— be 動詞を主語の前に

• was, were は主語によって使い分ける。(→ p.8)

• 過去進行形の文でよく使われる副詞(句)。
then （そのとき）
at that time （そのとき）

③ 「(きっと)〜だろう」「(きっと)〜するつもりだ」は〈will＋動詞の原形〉！

■▶ 次の文を（　）内の指示に従って書きかえなさい。

(1) Ann gets up at six every day.（下線部を tomorrow にして）

Ann ＿＿＿＿＿＿ ＿＿＿＿＿＿ up at six tomorrow.

(2) It is not sunny today.　（下線部を next Sunday にして）

It ＿＿＿＿＿ ＿＿＿＿＿ ＿＿＿＿＿ sunny next Sunday.

(3) Does Paul swim?　（文末に tomorrow afternoon を加えて）

＿＿＿＿＿ Paul ＿＿＿＿＿ tomorrow afternoon?

ポイント

・〈主語＋will〉，〈will not〉は短縮して1語で表すこともできる。

I + will	→	I'll
you + will	→	you'll
he + will	→	he'll
she + will	→	she'll
it + will	→	it'll
we + will	→	we'll
they + will	→	they'll
will + not	→	won't

① will は「(きっと)〜だろう」（現時点での予測）や，「(きっと)〜するつもりだ」（その場で決めた意志）を表す。

Satomi will come here at two.　←予測

② will の否定文

Satomi will not come here at two.
└will のあとに not

③ will の疑問文

Will Satomi come here at two? —— Yes, she will. /
└主語の前に Will　　　　　　　　　　　No, she will not.

④ 「〜するつもりだ」「〜しそうだ」は〈be going to ＋動詞の原形〉！

■▶ 日本語の意味を表すように，＿＿に適切な語を入れなさい。

(1) 私は明日，ピアノの練習をするつもりです。

I'm ＿＿＿＿＿ ＿＿＿＿＿ practice the piano tomorrow.

(2) マイクは教師になるつもりはありません。

Mike ＿＿＿＿＿ ＿＿＿＿＿ ＿＿＿＿＿ to be a teacher.

(3) あなたは自転車を買うつもりですか。

＿＿＿＿＿ you ＿＿＿＿＿ ＿＿＿＿＿ buy a bike?

・未来の文でよく使われる，時を表す語(句)には次のようなものがある。

tomorrow　　（明日）
the day after tomorrow
　　　　　　（あさって）
next 〜　　　（次の〜）
someday　　（いつか）
in the future （将来は）

ポイント

・go, come の場合は be going to go[come] のかわりに，be going, be coming がよく使われる。

① 「(すでに決まっていることについて)〜するつもりだ」，「(兆候をもとに)〜しそうだ」は be going to 〜 で表す。

Bill is going to visit Nara tomorrow.
　　　　　　　　└to のあとの動詞は原形

② be going to 〜の否定文

Bill is not going to visit Nara tomorrow.
　　　　└be 動詞のあとに not

③ be going to 〜の疑問文

Is Bill going to visit Nara tomorrow? —— Yes, he is. /
└be 動詞を主語の前に　　　　　　　　　　　No, he isn't.

進行形・未来の表現

1 次の文の( )内から適切な語(句)を選び，記号を〇で囲みなさい。　(2点×5)

(1) Kenji was (ア used　イ using　ウ use) his computer then.

(2) Maki will (ア buy　イ buys　ウ bought) a new bag.

(3) We are going (ア play　イ playing　ウ to play) soccer tomorrow.

(4) Jim (ア visits　イ visited　ウ will visit) Australia someday.

(5) Mr. Tanaka is (ア washes　イ washing　ウ wash) his car now.

2 次の文を( )内の指示に従って書きかえなさい。　(3点×6)

(1) Mary practices the guitar. （文末に tomorrow を加えて）

Mary _____ _____ the guitar tomorrow.

(2) Ken makes a table. （現在進行形の文に）

Ken _____ _____ a table.

(3) My brother isn't busy today. （下線部を next Sunday にして）

My brother _____ _____ busy next Sunday.

(4) We had lunch at the restaurant yesterday. （下線部を then にして過去進行形の文に）

We _____ _____ lunch at the restaurant then.

(5) I'm going to visit my aunt this afternoon. （否定文に）

I'm _____ _____ _____ visit my aunt this afternoon.

(6) Ann didn't write a letter. （過去進行形の否定文に）

Ann _____ _____ a letter.

3 次の会話が成り立つように，____に適切な語を入れなさい。　(5点×4)

(1) A: _____ Aya _____ free next Saturday?

B: No, she _____.

(2) A: _____ Sam _____ to stay in Tokyo next week?

B: Yes, he is.

(3) A: _____ is your sister _____ now?

B: She's talking with her friends.

(4) A: _____ _____ Yumi go to Hokkaido?

B: She'll go there this weekend.

4 日本語の意味を表すように，＿＿に適切な語を入れなさい。 (5点×3)

(1) 私は来週，ひまになりそうです。

　　I'm ＿＿＿＿＿＿＿ ＿＿＿＿＿＿＿ ＿＿＿＿＿＿＿ free next week.

(2) そのとき，私はトムと泳いでいました。

　　I ＿＿＿＿＿＿＿ ＿＿＿＿＿＿＿ with Tom at that time.

(3) リサは何時に帰ってくるでしょうか。

　　What time ＿＿＿＿＿＿＿ Lisa ＿＿＿＿＿＿＿ back?

5 日本語の意味を表すように，（　）内の語(句)を並べかえなさい。

　　(不要な語(句)が１つずつあります) (5点×3)

(1) マイクは今，マンガを読んでいません。

　　(is / Mike / a comic book / not / does / reading) now.

　　＿＿＿＿＿＿＿＿＿＿＿＿＿＿＿＿＿＿＿＿＿＿＿＿＿＿＿＿＿ now.

(2) 私の妹は来月 11 歳になります。

　　(eleven years old / be / next / my sister / is / will) month.

　　＿＿＿＿＿＿＿＿＿＿＿＿＿＿＿＿＿＿＿＿＿＿＿＿＿＿＿＿＿ month.

(3) 私たちはパーティーで歌うつもりはありません。

　　(going / not / will / we / to / sing / are) at the party.

　　＿＿＿＿＿＿＿＿＿＿＿＿＿＿＿＿＿＿＿＿＿＿＿＿＿＿ at the party.

6 次の絵を見て，与えられた単語を使い対話文を完成させなさい。 (5点×2)

(1) What is she doing now?

　　── She ＿＿＿＿＿＿＿＿＿＿＿＿＿＿＿＿＿＿＿＿＿＿＿＿＿＿＿＿＿＿.

(2) What is Koji going to do this weekend?

　　── He ＿＿＿＿＿＿＿＿＿＿＿＿＿＿＿＿＿＿＿＿＿＿＿ with his friends.

7 （　）内の語(句)を使って，日本語を英語になおしなさい。 (6点×2)

(1) 弟は今晩，宿題をするでしょう。(will, this evening)

　　＿＿＿＿＿＿＿＿＿＿＿＿＿＿＿＿＿＿＿＿＿＿＿＿＿＿＿＿＿＿＿＿＿

(2) あなたは昨夜 10 時に何をしていましたか。(were, at ten last night)

　　＿＿＿＿＿＿＿＿＿＿＿＿＿＿＿＿＿＿＿＿＿＿＿＿＿＿＿＿＿＿＿＿＿

第**4**日
ステップ**1**

いろいろな文

① 〈主語＋動詞〉だけで成り立つ文，補語が必要な文がある！

▶(1)(2)は日本語の意味を表すように，（　）内の語(句)を並べかえなさい。(3)(4)は（　）内から適切な語を選びなさい。

(1) 私は 20 分間待ちました。(waited / 20 minutes / for / I).

_____.

(2) 私はトムと学校に行きます。(go / school / I / with Tom / to).

_____.

(3) My sister will (is, am, be) a singer.

(4) John (looks, sees, watches) tired.

- S は「**主語**」，V は「**動詞**」，C は「**補語**」，O は「**目的語**」を表す。

- 「補語」…文の意味が成り立つように補われる語。SVC の文では主語を説明している。

- SVC の文で使われる動詞には次のようなものがある。
be動詞　（〜である）
become （〜になる）
get　　 （〜になる）
look　　（〜に見える）
sound　（〜に聞こえる）
feel　　（〜と感じる）
など

> ① **SV の文**　…目的語や補語がなくても文として成り立つ。時や場所などを表す語句が続くことが多い。
>
> The shop opens at ten.
> 　S　　　V　　↑時を表す語句
>
> ② **SVC の文**　…動詞のあとに名詞や形容詞がくる。
>
> Daisuke became a baseball player.
> 　S　　　V　　　C（名詞）
>
> The students look happy.
> 　S　　　V　C（形容詞）

② 名詞や代名詞などが目的語になる！

▶(1)(2)は（　）内から適切な語を選びなさい。(3)は（　）内の語(句)を並べかえなさい。

(1) We (are, study) music.

(2) I (looked, saw) a famous soccer player yesterday.

(3) I'll (you / show / my new guitar).

I'll _____.

- SVOO の文で使われる動詞には次のようなものがある。
give(与える), send(送る), show(見せる), tell(話す), teach(教える), buy(買う), make(作る)

- SVOO の文は〈SV ＋ (もの) ＋ to[for] ＋ (人)〉の語順でも表せる。
to を 使 う 動 詞 …give, send, show, tell, read, teach など
for を 使 う 動 詞 …buy, make, cook など
(例) I gave Jim a book.
→ I gave a book **to** Jim.

> ① **SVO の文**　…目的語が 1 つの文
>
> Judy has an uncle.　She likes him.
> 　S　　V　O（名詞）　　S　　V　O（代名詞）
>
> ② **SVOO の文**　…2 つの目的語は〈(人) ＋ (もの)〉の順になる。
>
> My brother gave me a CD.
> 　S　　　　V　O（人）O（もの）

③ SVOC の文では O = C の関係！

( )内の語(句)を並べかえなさい。

(1) Hitomi (her dog / Shiro / named).

Hitomi ______________________.

(2) Kenji's friends (him / call / Ken).

Kenji's friends ______________________.

(3) Lisa's letter (happy / us / made).

Lisa's letter ______________________.

・SVOC の文では，補語は目的語の意味を補っている。

My mother calls me Kou.（私の母は私をコウと呼びます）

S V O C　me = Kou の関係

・SVOO の文では O = O ではない。

(例) I gave Aya a bag.

S V O O

Aya≠a bag の関係

(私はアヤにかばんをあげました)

④ 命令文には主語が無い。There is[are] 〜. は「〜がある」！

(1)(2)は命令文にしなさい。(3)(4)は( )内から適切な語を選びなさい。

(1) You do your homework.

____

(2) You don't run in the room.

____

(3) There (is, are) a cat under the table.

(4) (Is, Are) there many flowers in the park?

── Yes, (they, there) are.

① 命令文　Speak English here.

└動詞の原形

否定の命令文　Don't speak English here.

└動詞の原形の前に Don't

②初めて話題にのぼる不特定のもの[人]について，「〜がある[いる]」というときは，There is[are] 〜. で表す。単数なら is，複数なら are を使う。

There are some balls in the box.

名詞　場所を表す語句

否定文　There are not any balls in the box.

└be 動詞のあとに not

疑問文　Are there any balls in the box?

└be 動詞を there の前に

── Yes, there are. / No, there aren't.

・be動詞の命令文は be で始める。

(例) You are careful.

→ Be careful.

・There is[are] 〜. の there には「そこに」の意味はない。

過去の文では be 動詞を過去形にして，There was[were] 〜. となる。

ポイント

・**特定のもの[人]**について「〜がある[いる]」というときは，**There is[are] 〜. はふつう使わない。**

(例) Your book is on the table.

→There is your book on the table. は ×。

・some と any は「いくつか，いくらか」という意味で，ふつう some は肯定文，any は否定文と疑問文で用いる。

いろいろな文

時間 20 分 ｜ 目標 80 点 ｜ 得点 点

解答 別冊 p.8

1 次の文の（ ）内から適切な語(句)を選び，記号を○で囲みなさい。 (2点×4)

(1) There is（ ア the イ an ウ my ）apple on the table.

(2) Saturday（ ア comes イ comes to ウ comes on ）after Friday.

(3) Lisa（ ア looked イ looked at ウ looked like ）happy yesterday.

(4) Miho（ ア sent イ told ウ named ）her dog Koro.

2 次の会話が成り立つように，＿＿に適切な語を入れなさい。 (3点×2)

(1) *A:* ＿＿＿＿＿＿ there any hamburger shops around here?

   B: No, ＿＿＿＿＿＿ aren't.

(2) *A:* Your bag is nice.

   B: Thank you. My brother gave ＿＿＿＿＿＿ ＿＿＿＿＿＿ me.

3 日本語の意味を表すように，＿＿に適切な語を入れなさい。 (4点×4)

(1) ここでギターを弾いてはいけません。

   ＿＿＿＿＿＿ ＿＿＿＿＿＿ the guitar here.

(2) 平井先生は私たちに音楽を教えます。

   Mr. Hirai ＿＿＿＿＿＿ ＿＿＿＿＿＿ ＿＿＿＿＿＿.

(3) ミユキは昨日宿題をしませんでした。

   Miyuki ＿＿＿＿＿＿ ＿＿＿＿＿＿ her homework yesterday.

(4) 私たちはこの前の日曜日に公園でたくさん話しました。

   We ＿＿＿＿＿＿ a ＿＿＿＿＿＿ in the park last Sunday.

4 次の文を（ ）内の指示に従って書きかえなさい。 (4点×4)

(1) Mr. Hayashi sent me a present. （ほぼ同じ意味の文に）

   Mr. Hayashi sent a present ＿＿＿＿＿＿ ＿＿＿＿＿＿.

(2) You are kind to your brothers. （命令文に）

   ＿＿＿＿＿＿ ＿＿＿＿＿＿ to your brothers.

(3) There was some water in the cup. （「少しもなかった」という文に）

   There ＿＿＿＿＿＿ ＿＿＿＿＿＿ water in the cup.

(4) Judy's idea was great. （「すばらしそうに聞こえた」という文に）

   Judy's idea ＿＿＿＿＿＿ ＿＿＿＿＿＿.

5 各組の英文がほぼ同じ意味になるように，＿＿に適切な語を入れなさい。 （4点×3）

(1) {
John showed his camera to me.

John showed ＿＿＿＿＿＿ ＿＿＿＿＿＿ ＿＿＿＿＿＿.
}

(2) {
Our club has twenty members.

＿＿＿＿＿＿ ＿＿＿＿＿＿ twenty members in our club.
}

(3) {
Sushi is my father's favorite food.

My father ＿＿＿＿＿＿ *sushi* very much.
}

6 日本語の意味を表すように，（ ）内の語(句)を並べかえなさい。

（不要な語(句)が1つずつあります） （4点×3）

(1) タクヤの家は花屋の近くにあります。

(is / there / the flower shop / Takuya's house / near).

＿＿＿＿＿＿＿＿＿＿＿＿＿＿＿＿＿＿＿＿＿＿＿＿.

(2) おばは私に古い物語を話してくれました。

(an / told / old / me / my aunt / story / to).

＿＿＿＿＿＿＿＿＿＿＿＿＿＿＿＿＿＿＿＿＿＿＿＿.

(3) マイクは彼の弟を何と呼びますか。

(his brother / say / what / Mike / does / call)?

＿＿＿＿＿＿＿＿＿＿＿＿＿＿＿＿＿＿＿＿＿＿＿＿?

7 次の絵を見て，「…が～にある[いる]」という英文を3つ完成させなさい。 （5点×3）

(1)本　(3)ラケット　(2)ネコ

(1) There ＿＿＿＿＿＿＿＿＿＿＿＿＿＿＿＿＿＿ on the desk.

(2) ＿＿＿＿＿＿＿＿＿＿＿＿＿＿＿＿＿＿ under the chair.

(3) ＿＿＿＿＿＿＿＿＿＿＿＿＿＿＿＿＿＿ bed.

8 （ ）内の語(句)を使って，日本語を英語になおしなさい。 （5点×3）

(1) 寒くなってきています。(cold)

＿＿＿＿＿＿＿＿＿＿＿＿＿＿＿＿＿＿＿＿＿＿＿＿

(2) 私は妹に本を1冊買いました。(for)

＿＿＿＿＿＿＿＿＿＿＿＿＿＿＿＿＿＿＿＿＿＿＿＿

(3) あなたのクラスには男子が何人いますか。(how many, there)

＿＿＿＿＿＿＿＿＿＿＿＿＿＿＿＿＿＿＿＿＿＿＿＿

第**5**日 ステップ**1** 助動詞

① 「〜することができる」は〈can ＋動詞の原形〉！

➡ （ ）内から適切な語(句)を選びなさい。

(1) Yuki (is, can, cans) run fast.

(2) My brother can (cook, cooks, cooking) well.

(3) I (don't can, cannot, am not can) play the guitar.

(4) (Can, Is, Do) Sam swim?

—— No, he (can, cannot, don't).

> ① **can** は「〜できる」と，「能力」や「可能」を表す。
> Mike can <u>speak</u> Japanese.
> └動詞は原形
>
> ②否定文 Mike <u>cannot</u> speak Japanese.
> └ = can't
>
> ③疑問文 <u>Can</u> Mike speak Japanese?
> └主語の前に Can

ポイント
• can not はほとんど使われない。

ここに注意
• can のあとの動詞は主語が何であっても原形になる。can の形はかわらない。

② can や may の意味は１つだけではない！

➡ 日本語の意味を表すように，（ ）内から適切な語を選びなさい。

(1) このマンガを読んでもいいですよ。

You (can, will, can't) read this comic book.

(2) マキは図書館にいるかもしれません。

Maki (can, may, will) be in the library.

(3) 私の自転車を使ってもいいですよ。

You (are, do, may) use my bike.

> ① **can** には「〜してもよい」（許可）の意味もある。
> **You can watch TV now.** （今，テレビを見てもいいですよ）
>
> ② **may** は「〜してもよい」（許可）や「〜かもしれない」（推量）という意味を表す。
> **You may come with me.** （私と一緒に来てもいいですよ）
> 「〜してもよい」
>
> **Lisa may be late.** （リサは遅れるかもしれません）
> 「〜かもしれない」

ポイント
• can には「〜することがあり得る」（可能性）の意味もある。
（例）The knowledge can help you.（その知識はあなたを助けることがあり得ます）

• Can[May] I 〜?（〜してもいいですか）には，
許可する場合は
Sure. / No problem. / OK. / All right.
（もちろんです）
許可しない場合は
I'm sorry, but 〜(理由).
（すみませんが，〜）
などと答える。

③ 「義務」を表すときは, must, have to, should を使う！

➡️ 日本語の意味を表すように, ＿＿に適切な語を入れなさい。

(1) 私は毎朝6時に起きなければなりません。

I ＿＿＿＿＿＿ ＿＿＿＿＿＿ up at six every morning.

(2) 私たちは公園まで歩いて行かなければなりません。

We ＿＿＿＿＿ ＿＿＿＿＿ ＿＿＿＿＿ to the park.

(3) あなたはその映画を見るべきです。

You ＿＿＿＿＿＿ ＿＿＿＿＿ the movie.

① must は, 話し手自身の考えで「～しなければならない」という
場合の義務を表す。

You must practice the piano.　←話し手が命じている。
　└「～しなければならない」

② have to は, 周囲の状況などから判断して「～しなければならな
い」という場合の義務を表す。

You have to practice the piano.　←コンサートがある, などの状況から
　　└主語が三人称単数のときは has　　　　判断して。

You don't have to practice the piano.
　　　　└「～しなくてよい」「～する必要はない」

Do you have to practice the piano?
　└主語の前に Do

③ should は「～すべきだ」「～したほうがよい」という意味を表す。

You should practice the piano.　← must より穏やかな言い方
　└「～すべきだ」

- must not は「～しては
いけない」と「禁止」を表
す。
(例) You must not go
to the park.(公園に行っ
てはいけません)

- 主語が三人称単数の場合,
have to は has to に,
don't have to は
doesn't have to になる。

- must には過去形がないの
で, 過去の文では had to
を使う。
(例) Ann had to make
lunch yesterday.(アン
は昨日昼食を作らなければ
なりませんでした)

ポイント
- must not, should not
は短縮して1語で表すこと
もできる。
must + not → mustn't
should + not → shouldn't

④ 「依頼」は Will[Can] you ～?, 「申し出[勧誘]」は Shall I[we] ～?

➡️ 日本語の意味を表すように, ( )内から適切な語を選びなさい。

(1) ギターを弾いてくれませんか。

(May, Shall, Will) you play the guitar?

(2) 公園に行きましょうか。

(Can, Shall, Must) we go to the park?

① 「～してくれませんか」(依頼)は Will[Can] you ～? で表す。
Will you help me?　(手伝ってくれませんか)

② 「(私が)～しましょうか」(申し出)は Shall I ～? で表す。
「(私たちが)～しましょうか, ～しませんか」は Shall we ～? で表す。
Shall I open the door?　(ドアを開けましょうか)
Shall we play tennis?　(テニスをしませんか)

- Will[Can] you ～? には,
Sure.(もちろんです) ／
All right.(わかりました)
や I'm sorry, but I
can't.(すみませんが, で
きません)などと答える。

- Shall I ～? には, Yes,
please.(はい, お願いし
ます)や No, thank
you.(いいえ, 結構です),
Shall we ～? には,
Sure. / Yes, let's.(はい,
しましょう)や No, let's
not.(いいえ, やめましょ
う)などと答える。

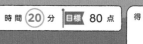

助動詞

1 次の文の( )内から適切な語(句)を選び，記号を○で囲みなさい。 (2点×4)

(1) Jim must (ア study イ studies ウ studied) Japanese.

(2) Aya (ア have イ has ウ must) to practice the guitar.

(3) Mary doesn't have (ア buy イ to buys ウ to buy) a new bag.

(4) Sam (ア cannot イ isn't ウ don't) play soccer very well.

2 日本語の意味を表すように，____に適切な語を入れなさい。 (2点×6)

(1) 私はこの本を読んでもよいですか。—— もちろんです。

_____ I read this book? —— _____.

(2) ユミは音楽室にいるかもしれません。

Yumi _____ _____ in the music room.

(3) ボブはその辞書を買わなければなりませんか。

_____ Bob _____ _____ buy the dictionary?

(4) 友だちに親切にするべきです。

You _____ _____ kind to your friends.

(5) 私は駅まで走らなければなりませんでした。

I _____ _____ run to the station.

(6) あとであなたに電話をしてもいいですか。—— すみませんが，出かけるつもりです。

_____ I call you later? —— I'm _____, but I'll go out.

3 次の会話が成り立つように，____に適切な語を入れなさい。 (4点×5)

(1) *A:* _____ _____ go to the zoo tomorrow?

B: Yes, let's.

(2) *A:* _____ _____ talk with you now?

B: I'm sorry, but I'm busy.

(3) *A:* _____ _____ take my picture?

B: All right.

(4) *A:* _____ _____ take the bus?

B: No, you don't have to. You can walk there.

(5) *A:* _____ _____ make you lunch?

B: Yes, please. I'm very hungry.

4 各組の英文がほぼ同じ意味になるように，＿＿に適切な語を入れなさい。 (5点×3)

(1) { Come home early.

You ＿＿＿＿＿＿ come home early.

(2) { Please tell us about your school.

＿＿＿＿＿＿ ＿＿＿＿＿＿ tell us about your school?

(3) { Don't eat or drink in this room.

You ＿＿＿＿＿＿ ＿＿＿＿＿＿ eat or drink in this room.

5 日本語の意味を表すように，（ ）内の語(句)を並べかえなさい。

(不要な語(句)が1つずつあります) (5点×5)

(1) 明日はいっしょに昼食を食べましょうか。

(we / are / lunch / together / shall / eat) tomorrow?

＿＿＿＿＿＿＿＿＿＿＿＿＿＿＿＿＿＿ tomorrow?

(2) 私はジムに何と言うべきですか。

(I / Jim / have / should / what / say / to)?

＿＿＿＿＿＿＿＿＿＿＿＿＿＿＿＿＿＿＿＿ ?

(3) 私にケーキを作ってくれませんか。

(you / may / a cake / for / make / will / me)?

＿＿＿＿＿＿＿＿＿＿＿＿＿＿＿＿＿＿＿ ?

(4) 私の兄はまもなく出かけるかもしれない。

(out / brother / should / my / go / may) soon.

＿＿＿＿＿＿＿＿＿＿＿＿＿＿＿＿＿ soon.

(5) リサはもう帰宅しなければならないのですか。

(home / Lisa / to / has / does / go / have) now?

＿＿＿＿＿＿＿＿＿＿＿＿＿＿＿＿＿ now?

6 （ ）内の語(句)を使って，日本語を英語になおしなさい。 (5点×4)

(1) 私は今日，おじを訪ねなければなりません。(to, my uncle)

＿＿＿＿＿＿＿＿＿＿＿＿＿＿＿＿＿＿＿＿＿＿

(2) 私があなたを手伝いましょうか。(shall)

＿＿＿＿＿＿＿＿＿＿＿＿＿＿＿＿＿＿＿＿＿＿

(3) 私の家に来てくれませんか。(can)

＿＿＿＿＿＿＿＿＿＿＿＿＿＿＿＿＿＿＿＿＿＿

(4) あなたに質問してもよろしいですか。(may, a question)

＿＿＿＿＿＿＿＿＿＿＿＿＿＿＿＿＿＿＿＿＿＿

不定詞・動名詞

① 不定詞は〈to ＋動詞の原形〉！

➡ ( )内から適切な語(句)を選びなさい。

(1) John likes to (watch, watches, watching) TV.

(2) My brother wants (be, to be, to is) a soccer player.

(3) I have something (read, to read, to reading).

---

① 不定詞は〈to ＋動詞の原形〉の形で, 名詞・形容詞・副詞としての働きをする。

② 「～すること」 …名詞の働きをする。主語・目的語・補語になる。

To play baseball is exciting.
「野球をすること」

I want **to play** baseball.
「～を望む」＋「野球をすること」→「野球をしたい」

My dream is **to play** baseball in America.
「アメリカで野球をすること」

③ 「～するための」「～すべき」 …形容詞の働きをする。(代)名詞を修飾する。

Mary wants something **to eat**.
「食べるための何か」→「食べ物」

- 主語が三人称単数でも，過去の文でも常に〈to ＋動詞の原形〉の形。

- something などの -thing を修飾する形容詞は -thing の直後におき，〈-thing ＋形容詞＋不定詞〉で表す。
 (例) **something** hot **to eat**
  （何か温かい食べ物）

② 不定詞は「～するために」「～して」という意味にもなる！

➡ 英語の意味を表すように, ( )に適切な日本語を入れなさい。

(1) Emi went to Akita to see her grandfather.

   エミは( )秋田へ行きました。

(2) Tom was happy to get a bike.

   トムは( )うれしかった。

(3) Lisa got home early to help her mother.

   リサは( )早く帰宅しました。

---

① 「～するために」 …動作の目的を表し, 副詞の働きをする。動詞を修飾する。

Mike came to Japan **to learn about Japanese culture**.
「日本の文化を学ぶために」

② 「～して」 …感情の原因・理由を表し, 副詞の働きをする。形容詞を修飾する。

I'm glad **to see you again**.
「あなたにまた会えて」

- Why ～?(なぜ～)の問いに To ～.(～するためです)と答えることもできる。
 (例) Why did you come to Japan?
 （なぜ日本に来たのですか）
 —— To study Japanese.
 （日本語を勉強するためです）

- 不定詞は感情を表す語のあとにきて, 感情の原因・理由を表す。
 be glad[happy] to ～
  （～してうれしい）
 be sad to ～
  （～して悲しい）

③ 動名詞(動詞の -ing 形)は「～すること」を表す！

■▶ ( )内から適切な語を選びなさい。

(1) I finished (cook, cooking, cooked) dinner.

(2) You will enjoy (watch, watches, watching) the game.

(3) Reading comic books (is, are) fun.

(4) It started (snow, snows, snowing).

(5) Meg likes (sing, sings, singing) songs.

---

① 動名詞は動詞の -ing 形で，「～すること」という意味を表し，名詞の働きをする。

② 動名詞は主語・目的語・補語になる。

Playing baseball is exciting.
　　「野球をすること」…主語

I like playing baseball.
　　　└like の目的語

My hobby is playing baseball with my friends.
　　　　　　「友だちと野球をすること」…補語

ここに注意

● 動名詞が主語のときは**三人称単数**扱い。

（例） Playing video games <u>is</u> a lot of fun.

ポイント

● 前置詞のあとに動詞がくるときは動名詞の形になる。

（例） How <u>about</u> going to the movies?

（映画を見に行くのはどうですか）

・be good at ～ ing
（～するのが上手である）

・Thank you for ～ ing.
（～してくれてありがとう）

---

④ 動詞によって目的語に不定詞をとるか動名詞をとるかが決まる！

■▶ ( )内から適切な語(句)を選びなさい。

(1) I want (to buy, buying) a new racket.

(2) I must finish (to study, studying) math before lunch.

(3) Ken enjoyed (to play, playing) video games.

(4) Yuki practices (to swim, swimming) every Sunday.

---

① 不定詞と動名詞を目的語にとり，ほぼ同じ意味の動詞

　like to ～ / ～ ing　　　（～するのが好きだ）

　love to ～ / ～ ing　　　（～するのが大好きだ）

　begin[start] to ～ / ～ ing　（～し始める）

② 不定詞だけを目的語にとる動詞

　want to ～　　　（～したい）

　decide to ～　　（～しようと決心する）

③ 動名詞だけを目的語にとる動詞

　enjoy ～ ing　　（～するのを楽しむ）

　finish ～ ing　　（～し終える）

　practice ～ ing　（～するのを練習する）

ポイント

● 不定詞と動名詞の両方を目的語にとるが，意味が異なる動詞もある。

try to ～
　　（～しようとする）
try ～ ing
　　（試しに～してみる）

forget to ～
　　（～するのを忘れる）
forget ～ ing
　　（～したことを忘れる）

第**6**日

不定詞・動名詞

1 次の文の( )内から適切な語(句)を選び, 記号を○で囲みなさい。 (3点×5)

(1) John went to the library to (ア study　イ studied　ウ studies) math.

(2) Watching animals (ア are　イ is　ウ to be) interesting.

(3) Do you practice (ア sing　イ singing　ウ to sing) every day?

(4) Why did you go to Kobe? —— (ア Because　イ For　ウ To) see my aunt.

(5) Please give me something (ア eat　イ eating　ウ to eat).

2 次の文の( )内の語を適切な形にかえなさい。ただし, 1語とは限りません。 (3点×4)

(1) My sister decided (go) to Singapore. _____

(2) My father finished (wash) his car. _____

(3) It's time (get) up. _____

(4) Did you enjoy (play) tennis with Yuka? _____

3 次の文を( )内の指示に従って書きかえなさい。 (3点×4)

(1) Judy loves music. (「聞くのが大好きだ」という文に)

Judy loves _____ _____ to music.

(2) Mike wants something to drink. (「冷たい飲み物をほしがっている」という文に)

Mike wants something _____ _____ _____.

(3) Sam went to the shop. (「ノートを買うために」という意味を加えて)

Sam went to the shop _____ _____ a notebook.

(4) We were surprised. (「テレビを見て」という意味を加えて)

We were surprised _____ _____ TV.

4 日本語の意味を表すように, ＿＿に適切な語を入れなさい。 (3点×3)

(1) 私たちを手伝ってくれてありがとう。

Thank you _____ _____ us.

(2) ピアノを弾くことは私にとって難しい。

_____ _____ the piano is difficult for me.

(3) 私には今日の午後は何もすることがありません。

I have _____ _____ _____ this afternoon.

5 各組の英文がほぼ同じ意味になるように，＿＿に適切な語を入れなさい。 （4点×3）

(1) { My brother is a math teacher.

My brother's job is ＿＿＿＿＿＿ ＿＿＿＿＿＿.

(2) { Bill likes playing basketball.

Bill likes ＿＿＿＿＿＿ ＿＿＿＿＿＿ basketball.

(3) { Aya read the letter and became happy.

Aya was happy ＿＿＿＿＿＿ ＿＿＿＿＿＿ the letter.

6 日本語の意味を表すように，（　）内の語(句)を並べかえなさい。

（不要な語(句)が１つずつあります） （4点×5）

(1) 私はまたあなたに会いたいです。

(I / you / seeing / want / see / to) again.

＿＿＿＿＿＿＿＿＿＿＿＿＿＿＿＿＿＿＿＿＿＿＿ again.

(2) ジュディは日本語を話すのが上手です。

(Japanese / to speak / Judy / good / speaking / is / at).

＿＿＿＿＿＿＿＿＿＿＿＿＿＿＿＿＿＿＿＿＿＿＿.

(3) 私に何か温かい飲み物をください。

Please (something / me / drinking / hot / drink / give / to).

Please ＿＿＿＿＿＿＿＿＿＿＿＿＿＿＿＿＿＿＿＿.

(4) 公園で走るのはどうでしょうか。

(about / the park / in / running / to run / how)?

＿＿＿＿＿＿＿＿＿＿＿＿＿＿＿＿＿＿＿＿＿＿?

(5) あなたはその本を読み終えましたか。

(the book / finish / you / to read / did / reading)?

＿＿＿＿＿＿＿＿＿＿＿＿＿＿＿＿＿＿＿＿＿＿?

7 （　）内の語(句)を使って，日本語を英語になおしなさい。 （5点×4）

(1) 私たちの市には見る場所がたくさんあります。(there, a lot of)

＿＿＿＿＿＿＿＿＿＿＿＿＿＿＿＿＿＿＿＿＿＿＿＿＿

(2) リサ(Lisa)は花を見るために公園に行きました。(the park, flowers)

＿＿＿＿＿＿＿＿＿＿＿＿＿＿＿＿＿＿＿＿＿＿＿＿＿

(3) あなたはどの国を訪れたいですか。(what, visit)

＿＿＿＿＿＿＿＿＿＿＿＿＿＿＿＿＿＿＿＿＿＿＿＿＿

(4) 私の夢はオーストラリアで暮らすことです。(my dream, Australia)

＿＿＿＿＿＿＿＿＿＿＿＿＿＿＿＿＿＿＿＿＿＿＿＿＿

前置詞・接続詞

① 前置詞は「時」「場所・方向」を表す！

➡ ( )内から適切な語を選びなさい。

(1) We have a school festival (at, on, in) November.

(2) Judy usually comes home (at, on, to) five.

(3) Jim's house is (between, to, near) the station.

(4) I have some notebooks (from, in, at) my bag.

---

① 時を表す前置詞

at	時刻	on	曜日・日付	in	月・季節・年
before	～の前に	after	～のあとに	to	～まで
for	～の間			during	～の間中, ～の間に
until	～まで（ずっと）		by	～までに（は）	

②場所や方向を表す前置詞

in	～(比較的広い場所)に，(内部に入った状態で)～に		
on	(表面に接触して) ～(の上)に	at	～(比較的狭い場所)に
by	～のそばに	near	～の近くに
between	～(2つのもの)の間に	among	～(3つ以上のもの)の間に
under	～の下に	around	～のまわりに
to ～へ		from ～から	for ～へ向かって

- 英語ではふつう〈場所を表す語句＋時を表す語句〉の順になる。
  (例) Bill often watches TV in his room on Sunday.
       <u>場所</u>   <u>時</u>

ポイント

- before, after, until には，前置詞以外に，文と文をつなぐ**接続詞**の用法もある。
  (例)<u>私は寝る前に音楽を聞く。</u>
       文 ＋ 文
  → I listen to music before I go to bed.

② 前置詞は「出身」「手段」「目的」なども表す！

➡ ( )内から適切な語を選びなさい。

(1) Ms. Kato is (on, from, among) Miyagi.

(2) Takashi goes to school (by, in, on) bike.

(3) Mike can write a letter (at, in, with) Japanese.

- その他の前置詞

from	～から，～出身の	to	～へ，～に対して
into	～の中へ	along	～に沿って
across	～を横切って	in	～(言語)で
by	～で，～によって	of	～の
on	～(テレビなど)で	for	～のために，～を求めて
with	～と一緒に	without	～なしで

- 連語は前置詞の意味で理解しよう。
  <u>for</u>「～を求めて」
  ・look for ～ (～を探す)
  ・wait for ～ (～を待つ)
  <u>to</u>「～に対して」
  ・listen to ～ (～を聞く，～に耳を傾ける)
  ・talk to ～ (～と話す)
  <u>at</u>「(1時点・1地点を指して) ～に」
  ・at noon   (正午に)
  ・at night   (夜に)
  ・at that time(そのとき)
  ・at school   (学校で)

③ and, but, or は語と語, 句と句, 文と文を対等の関係で結ぶ！

≡▶ 次の文の____に and，but，or のいずれかを入れなさい。

(1) Is that a school _____ a hospital?

(2) Keiko _____ Saori are tennis fans.

(3) I can run fast, _____ I can't swim fast.

① and 「～と…，～そして…」
John plays soccer and basketball.
　　　　　　　　　　語　　　　語

② but 「しかし，～だが…」
John plays soccer, but his brother doesn't play it.
　　　　　　文　　　　　　　　　　　文

③ or 「～か…，～それとも…」
Did you go to Sendai by car or by train?
　　　　　　　　　　　句　　　　　句

ポイント

● 〈命令文, and ～ .〉は「…しなさい，そうすれば～」という意味。
（例）Run to the station, and you can get on the 9:00 train.
（駅まで走りなさい，そうすれば9時の電車に乗ることができます）

④ that, when, if, because, so は文と文をつなぐ！

≡▶ （　）内から適切な語を選びなさい。

(1) Bill had a dog (because, if, when) he was a child.

(2) Please help me (that, or, if) you are free.

(3) I know (so, that, because) Lisa studies Chinese.

(4) My brother likes soccer (and, because, so) it's exciting.

① that 「～ということ」
I think that Mike is kind.
　文　　　　　　文　　that Mike is kind が think の目的語。
　　　　　　　　　　　　この that は省略できる。

② when「～のとき」, if「もし～ならば」, because「～なので」
I started playing baseball when I was seven years old.
　　　　　　文　　　　　　　　　　文

Let's go to the park if it's warm tomorrow.
　　　　文　　　　　　　　　　文

I can't go with you because I'm tired.
　　　　文　　　　　　　　　文

③ so 「それで」「だから」
I'm tired, so I can't go with you.
　文　　コンマ　　文

● when ～, if ～, because ～ は文の前半においてもよい。
コンマを入れることに注意。
（例）When I was seven years old, I started playing baseball.

ここに注意

● Why ～?（なぜ～）の問いに Because ～ .（～なので）と理由を答えることもできる。
（例）Why do you like soccer?
── Because it's exciting.

ポイント

● when ～ や if ～ が時や条件を表す副詞の働きをしているときは，**未来のことについて言うときでも，現在形で表す。**
（例）Let's go to the park if it is (× will be) warm tomorrow.

第7日

29

前置詞・接続詞

1 次の文の（　）内から適切な語(句)を選び，記号を〇で囲みなさい。　　　　　　(4点×4)

(1) Masami studied (ア at　イ during　ウ for) two hours yesterday afternoon.

(2) Mr. Sasaki lives (ア at　イ in　ウ on) Shizuoka.

(3) Go (ア along　イ around　ウ into) this street and turn left at the first traffic light.

(4) I'll show Emi this picture when she (ア comes　イ will come　ウ came).

2 次の会話が成り立つように，＿＿に適切な語を入れなさい。　　　　　　(4点×2)

(1) *A:* Why did you go to Osaka?

　　B: ＿＿＿＿＿＿＿＿ I wanted to see my uncle.

(2) *A:* May I help you?

　　B: Yes, please. I'm looking ＿＿＿＿＿＿＿＿ a T-shirt.

3 英語の意味を表すように，（　）に適切な日本語を入れなさい。　　　　　　(4点×3)

(1) When I got up, my brother was making breakfast.

　　（　　　　　　　　　　　　　　　　　　　　　），兄は朝食を作っていました。

(2) Because Lisa likes animals, she often goes to the zoo.

　　（　　　　　　　　　　　　　　　　　　　　　），よく動物園に行きます。

(3) I don't think John likes soccer.

　　私は，（　　　　　　　　　　　　　　　　　　　）思います。

4 日本語の意味を表すように，＿＿に適切な語を入れなさい。　　　　　　(4点×4)

(1) 私はユリとミキの間にすわっていました。

　　I was sitting ＿＿＿＿＿＿＿＿ Yuri ＿＿＿＿＿＿＿＿ Miki.

(2) 夕食の前に宿題をすませなさい。

　　Finish your homework ＿＿＿＿＿＿＿＿ dinner.

(3) もしひまなら，私と一緒に映画を見に行きませんか。

　　＿＿＿＿＿＿＿＿ you are free, will you go to the movies ＿＿＿＿＿＿＿＿ me?

(4) 男の人が私に英語で話しかけました。

　　A man talked ＿＿＿＿＿＿＿＿ me ＿＿＿＿＿＿＿＿ English.

5 各組の英文がほぼ同じ意味になるように，____に適切な語を入れなさい。 (4点×3)

(1) { Yuki took a bus to Nagoya.
    { Yuki went to Nagoya _____ bus.

(2) { Mary didn't take her umbrella when she went to school.
    { Mary went to school _____ her umbrella.

(3) { Because Lisa was busy, she didn't go to the party.
    { Lisa was busy, _____ she didn't go to the party.

6 日本語の意味を表すように，（ ）内の語(句)を並べかえなさい。

(不要な語(句)が１つずつあります) (4点×4)

(1) ジムはおなかが痛かったので，昼食を食べませんでした。

Jim (lunch / had / because / a stomachache / didn't eat / but / he).

Jim _____ .

(2) アンは3時までには戻ってくるでしょう。

(three o'clock / be / until / Ann / back / by / will).

_____ .

(3) アキはあなたがマンガを読まないことを知っています。

(you / read / Aki / that / doesn't / comic books / knows / don't).

_____ .

(4) 8月1日に私の家に来られますか。

(for / on / to / you / my house / come / can) August 1?

_____ August 1?

7 （ ）内の語を使って，日本語を英語になおしなさい。 (5点×4)

(1) 明日晴れたら，私は公園に行きます。(sunny, will)

_____

(2) 弟は野球は好きですが，しません。(likes)

_____

(3) あなたは，英語はおもしろいと思いますか。(that, interesting)

_____

(4) 彼らはそのとき何について話していたのですか。(talking, then)

_____

第**8**日 ステップ**1** 比 較

月 / 日

解答 別冊 p.16

---

① 「…より〜」は〈比較級＋ than …〉で表す！

➡ ( )内の語を適切な形にかえなさい。ただし，1語とは限りません。

(1) Mary is (young) than my sister. ＿＿＿＿＿＿

(2) This question is (easy) than that one. ＿＿＿＿＿＿

(3) Your cat is (big) than mine. ＿＿＿＿＿＿

(4) This picture is (beautiful) than that one. ＿＿＿＿＿＿

① 原級に -er を付けて比較級にする。

Mike is older than Bill. …Mike と Bill の年齢の比較
　形容詞の比較級「…より」

Mike runs faster than Bill. …Mike と Bill の走る速さの比較
　副詞の比較級 「…より」

②比較的つづりの長い形容詞・副詞は，原級の前に more をおく。

This book is more difficult than that one. …この本とあの本の難しさの比較
　　　形容詞の比較級 「…より」

Aya speaks more slowly than Yumi. …アヤとユミの話す速さの比較
　副詞の比較級 「…より」

※「原級」…形容詞・副詞のもとの形。

● 原級の語尾で -er の付け方が変わる。

語尾	付け方
ふつう	-er tall → taller
-e	-r large → larger
〈子音字＋ y〉	-y → -ier busy → busier
〈短母音＋子音字〉	子音字を重ねて -er big → bigger

● 比較級を強調して「ずっと〜」は much を使う。
(例) Mike is much older than Bill.

---

② 「…(の中)でいちばん〜」は〈the ＋最上級＋ of[in] …〉で表す！

➡ ( )内から適切な語(句)を選びなさい。

(1) This bag is the (large, larger, largest) of all.

(2) John is the (more, most) famous singer in this country.

(3) Judy is the tallest (in, of) the four.

① 原級に -est を付けて最上級にする。

Mike is the oldest of the five.
　〈the ＋形容詞の最上級〉 「…の中で」

Mike runs the fastest in his school.
　〈the ＋副詞の最上級〉 「…で」

② 比較的つづりの長い形容詞・副詞は，原級の前に most をおく。

This book is the most difficult of the three.
　　　〈the ＋形容詞の最上級〉 「…の中で」

Aya speaks the most slowly in her class.
　　　〈the ＋副詞の最上級〉 「…で」

● 原級の語尾で -est の付け方が変わる。

語尾	付け方
ふつう	-est tall → tallest
-e	-st large → largest
〈子音字＋ y〉	-y → -iest busy → busiest
〈短母音＋子音字〉	子音字を重ねて -est big → biggest

● 〈of ＋複数を表す語句〉 of the five, of all
〈in ＋場所・範囲を表す語句〉 in Tokyo, in the class

③ 「…と同じくらい〜」は〈as ＋原級＋ as ...〉で表す！

✏️▶ （　）内から適切な語(句)を選びなさい。

(1) Emi's dog is as small (than, as, of) Naoko's.

(2) I can swim as (fast, faster, fastest) as you.

(3) Jim is as (popular, more popular, most popular) as Ken.

(4) This bag is not as small (in, than, as) mine.

> ① as と as の間には形容詞[副詞]の原級がくる。
> **Sam is as old as Bill.**　（サムはビルと同じ年齢です）
> 　　　　　　　原級
> ② 「…ほど〜ではない」は〈not as ＋原級＋ as ...〉で表す。
> **That book is not as difficult as this one.**　（あの本はこの本ほど難しくありません）
> 　　　　　　　　　　　原級

▶ポイント

- 「…の２倍〜」
  twice as 〜 as ...
  (例) This box is twice as big as that one.
  (この箱はあの箱の２倍大きい)

- 〈not as ＋原級＋ as ...〉は, …に入る方が主語よりも〜(原級)である。
  (例) My bike is not as big as yours.
  (私の自転車はあなたの自転車ほど大きくありません)
  →あなたの自転車は私のよりも大きい

④ 形容詞・副詞の前後に, 比較級・最上級のヒントがある！

✏️▶ （　）内から適切な語(句)を選びなさい。

(1) John likes winter (much, well, better) than summer.

(2) Aki likes tennis the (better, best, more) of all sports.

(3) (What, Which) is larger, the U.K. or Japan?

(4) (What, Who) is taller, Tom or Kenta?

(5) (What, Where) is the most popular song in Japan?

> ① 「…より〜のほうが好き」は〈like 〜 better than ...〉, 「〜がいちばん好き」は〈like 〜 the best〉で表す。
> **Mary likes math better than science.**　…理科より数学のほうが好き
> 　　　　　　　　　　比較級
> **Mary likes math the best of all the subjects.**…数学がいちばん好き
> 　　　　　　　　　　〈the ＋最上級〉
> ②疑問詞のある比較の疑問文
> **Which is older, your school or Sam's?**
> 　　比較級　　（あなたの学校とサムの学校とでは, どちらのほうが古いですか）
> **What is the most interesting sport for you?**
> 　　〈the ＋最上級〉　（あなたにとっていちばんおもしろいスポーツは何ですか）

▶ポイント

- like 〜 better [the best]の better, best は very much が変化したもの。

不規則変化の形容詞・副詞

原級	比較級	最上級
good well	better	best
many much	more	most

- 人を比べるときは who を使う。
  (例) Who is older, Mike or Bill?(マイクとビルとでは, どちらのほうが年上ですか)

第**8**日

時間 20 分　目標 80 点　得点　　点

解答 別冊 p.16

1 次の文の（　）内から適切な語を選び，記号を○で囲みなさい。　(3点×3)

(1) Jim is the kindest（ ア in　イ on　ウ of ）those boys.

(2) （ ア What　イ Which　ウ Where ）is larger, Akita or Iwate?

(3) Judy Brown is the（ ア much　イ more　ウ most ）popular singer in that country.

2 次の文の（　）内の語を適切な形にかえなさい。ただし，1語とは限りません。　(3点×4)

(1) Mr. White is the（ busy ）in this shop.　　_____

(2) Bill's curry is（ delicious ）than mine.　　_____

(3) Meg practices the piano（ hard ）than Ann.　　_____

(4) This book is the（ useful ）of all my books.　　_____

3 次の会話が成り立つように，＿＿に適切な語を入れなさい。　(4点×3)

(1) *A:* _____ do you like _____, summer or winter?

　　B: I like summer better.

(2) *A:* _____ you _____ than John?

　　B: Yes, I am. I'm thirteen years old and he's fifteen.

(3) *A:* _____ gets up earlier, you _____ your brother?

　　B: My brother does.

4 日本語の意味を表すように，＿＿に適切な語を入れなさい。　(4点×3)

(1) 私はサムほど速く泳げません。

　　I cannot swim _____ _____ _____ Sam.

(2) 今日は昨日よりずっと寒いです。

　　It is _____ _____ today _____ yesterday.

(3) その5つの中でいちばん難しい問題はどれですか。

　　Which is the _____ _____ question _____ the five?

5 各組の英文がほぼ同じ意味になるように，＿＿に適切な語を入れなさい。　(4点×2)

(1) ┌ This pencil is shorter than that one.
　　└ That pencil is _____ _____ this one.

(2) ┌ My dog isn't as small as yours.
　　└ Your dog is _____ _____ mine.

6 日本語の意味を表すように，（　）内の語(句)を並べかえなさい。
（不要な語(句)が１つずつあります） (4点×4)

(1) 兄はマイクと同じくらい上手に歌えます。

(can / Mike / well / as / my brother / as / best / sing).

_____ .

(2) ケンは全生徒の中でいちばん熱心に勉強します。

(studies / all the students / Ken / in / the hardest / of).

_____ .

(3) あなたの考えはトムのよりもよさそうです。

(than / good / sounds / your idea / Tom's / better).

_____ .

(4) ハルカはバナナよりもオレンジのほうが好きです。

(bananas / Haruka / oranges / as / than / better / likes).

_____ .

7 次の絵を見て，（　）内の語を適切な形にかえ，英文を完成させなさい。 (5点×3)

(1) Tom Meg
(big)
(2) 私の辞書 兄の辞書
(old)
(3) Hiroki
(tall)

(1) Tom's cat _____ Meg's.
(2) My brother's dictionary _____ mine.
(3) Hiroki _____ three.

8 （　）内の語(句)を使って，日本語を英語になおしなさい。 (4点×4)

(1) 私はあなたのお姉さんと同い年です。(as)

_____

(2) その川にいるときはもっと注意しなければなりません。(you must, in)

_____

(3) 私はサッカーよりもテニスが好きです。(than)

_____

(4) これは日本で最も大きな公園ですか。(largest)

_____

第**9**日
ステップ **1** 受け身

月／日

解答 別冊 p.18

---

① **受け身「～される」は〈be 動詞＋過去分詞〉!**

➡ ( )内から適切な語(句)を選びなさい。

(1) This song (is like, is liked) in Japan.

(2) The door (was opened, opening) then.

(3) Some plans (were change, were changed) last Monday.

---

① 現在の文では，be 動詞を現在形にする。

The book is used to study math. (その本は数学を勉強するために使われます)

現在形の be 動詞　過去分詞

② 過去の文では，be 動詞を過去形にする。

The car was washed yesterday. (その車は昨日洗われました)

過去形の be 動詞　過去分詞

---

② **疑問文・否定文は be 動詞の文と同じ作り方!**

➡ 日本語の意味を表すように，___に適切な語を入れなさい。

(1) この歌は日本で好まれていますか。

_____ this song _____ in Japan?

(2) この歌は日本で好まれていません。

This song _____ _____ _____ in Japan.

(3) そのときドアは開けられましたか。

_____ the door __ _____ then?

(4) そのときドアは開けられませんでした。

The door _____ _____ _____ then.

---

① 疑問文は〈be 動詞＋主語＋過去分詞～?〉

The car was washed yesterday.

Was the car washed yesterday?

be 動詞　　　　　過去分詞

② 否定文は〈主語＋ be 動詞＋ not ＋過去分詞～ .〉

The car was washed yesterday.

The car was not washed yesterday.

be 動詞　　過去分詞

- 規則変化する動詞の過去分詞は，過去形と同じ形になる。

語尾	付け方
ふつう	-ed play → played
-e	-d use → used
〈子音字＋ y〉	-y → -ied study → studied
〈短母音＋子音字〉	子音字を重ねて -ed stop → stopped

- 不規則変化する動詞の過去分詞の例

原形	過去形	過去分詞
know	knew	known
see	saw	seen
take	took	taken
build	built	built
hold	held	held

ここに注意

- 受け身の疑問文の答え方は，be 動詞の疑問文と同じ。

(例) Is that racket made in Japan?

　—Yes, it is.

(例) Was the car washed yesterday?

— No, it wasn't.

36

③ 「～によって」は by！

▶日本語の意味を表すように，（　）内の語（句）を並べかえなさい。

(1) その机はミキによって使われています。

The desk (Miki / used / by / is).

The desk _____.

(2) その映画は子供たちによって楽しまれました。

The movie (the / enjoyed / by / was / children).

The movie _____.

(3) この学校は久保さんによって建てられましたか。

Was (Mr. Kubo / school / built / this / by)?

Was _____?

▶ポイント

● 次の場合は by ～が省略される。
・もとの文の主語が明らか
・もとの文の主語が不明
・もとの文の主語が we, people, you, they など一般的な人々
(例)Cars are used (by people) all over the world.
(車は(人々によって)世界中で使われています)

・動作をする人やものは，by ～で表すことができる。

The students like Mr. Ueda.　（生徒たちは上田先生が好きです）

Mr. Ueda is liked by the students.

「～によって」　（上田先生は生徒たちによって好かれています）

---

④ 助動詞があるときは〈助動詞＋ be ＋過去分詞〉！

▶日本語の意味を表すように，___に適切な語を入れなさい。

(1) サクラはそのパーティーに招待されるでしょう。

Sakura will _____ _____ to the party.

(2) 星は夜に見られます。

Stars can _____ _____ at night.

(3) その箱は私の母によって閉じられなければなりません。

The box must _____ _____ by my mother.

ここに注意

● 助動詞がある受け身の疑問文・否定文は，助動詞のある文と同じ作り方，答え方。
(例)Mt. Fuji can be seen from here.
↓
Can Mt. Fuji be seen from here?
—Yes, it can.

Mt. Fuji cannot be seen from here.

---

① 〈will ＋ be ＋過去分詞〉

The contest will be held next year.　（そのコンテストは来年開かれるでしょう）

助動詞 will ＋ be ＋過去分詞

② 〈can ＋ be ＋過去分詞〉

Mt. Fuji can be seen from here.　（富士山がここから見られます）

助動詞 can ＋ be ＋過去分詞

③ 〈must ＋ be ＋過去分詞〉

The animals must be preserved.　（その動物たちは保護されなければなりません）

助動詞 must ＋ be ＋過去分詞

第9日

第**9**日 ステップ**2** 受け身

1 次の文の（ ）内から適切な語(句)を選び，記号を〇で囲みなさい。　（3点×4）

(1) The library was (ア build　イ built　ウ builds) in 1990.

(2) The computers (ア used　イ are used　ウ is used) all over the world.

(3) The festival will (ア holding　イ be hold　ウ be held) next month.

(4) The shrine (ア is visited　イ visited　ウ visit) by a lot of people.

2 次の文の（　）内の語を適切な形にかえなさい。　（3点×4）

(1) The baseball game is (play) at the stadium. _____

(2) These rules were (decide) by the students. _____

(3) Many children are (invite) to the concert. _____

(4) Ann was (help) by her classmates then. _____

3 次の文を（　）内の指示に従って書きかえなさい。　（4点×4）

(1) The bus is washed. （「昨日」を加えて）

The bus _____.

(2) The new school is built. （「来年」を加えて will を使った文に）

The new school _____.

(3) Many tourists visit this temple. （This temple を主語にして）

This temple _____.

(4) Mr. Mori translated the book. （The book を主語にして）

The book _____.

4 日本語の意味を表すように， ___ に適切な語を入れなさい。　（4点×3）

(1) この写真はオーストラリアで撮られました。

This picture _____ _____ in Australia.

(2) 美しい花たちが公園で見られます。

Beautiful flowers can _____ _____ in the park.

(3) たくさんの本が図書館から借りられています。

Many books _____ _____ from the library.

5 各組の英文がほぼ同じ意味になるように，＿＿に適切な語を入れなさい。　(4点×3)

(1) { Kenta uses this chair in his room.

This chair ＿＿＿＿＿＿ ＿＿＿＿＿＿ ＿＿＿＿＿＿ Kenta in his room. }

(2) { The students enjoyed the soccer game.

The soccer game ＿＿＿＿＿＿ ＿＿＿＿＿＿ ＿＿＿＿＿＿ the students. }

(3) { A lot of people will love the singer.

The singer ＿＿＿＿＿＿ ＿＿＿＿＿＿ ＿＿＿＿＿＿ ＿＿＿＿＿＿ a lot of people. }

6 日本語の意味を表すように，（　）内の語(句)を並べかえなさい。　(4点×4)

（不要な語(句)が1つずつあります）

(1) 私たちの家は5年前に建てられました。

Our house (is / years / built / five / ago / was).

Our house ＿＿＿＿＿＿＿＿＿＿＿＿＿＿＿＿＿＿＿＿＿＿＿＿＿＿＿＿＿.

(2) 私は，これらのイヌたちは保護されなければならないと思います。

I think (be / these dogs / will / preserved / must).

I think ＿＿＿＿＿＿＿＿＿＿＿＿＿＿＿＿＿＿＿＿＿＿＿＿＿＿＿＿＿.

(3) すべての窓が朝食後に開けられました。

All the windows (breakfast / opened / after / were / was).

All the windows ＿＿＿＿＿＿＿＿＿＿＿＿＿＿＿＿＿＿＿＿＿＿＿＿＿.

(4) 夕食はいつ料理されるのですか。

(be / dinner / where / when / cooked / will)?

＿＿＿＿＿＿＿＿＿＿＿＿＿＿＿＿＿＿＿＿＿＿＿＿＿＿＿＿＿＿＿?

7 （　）内の語(句)を使って，日本語を英語になおしなさい。　(5点×4)

(1) その物語は日本で知られています。(story)

＿＿＿＿＿＿＿＿＿＿＿＿＿＿＿＿＿＿＿＿＿＿＿＿＿＿＿＿＿

(2) これらの写真は青木さんに撮られました。(pictures, Ms. Aoki)

＿＿＿＿＿＿＿＿＿＿＿＿＿＿＿＿＿＿＿＿＿＿＿＿＿＿＿＿＿

(3) その山は彼の家から見られます。(can)

＿＿＿＿＿＿＿＿＿＿＿＿＿＿＿＿＿＿＿＿＿＿＿＿＿＿＿＿＿

(4) 彼の車は昨日使われませんでした。(his car)

＿＿＿＿＿＿＿＿＿＿＿＿＿＿＿＿＿＿＿＿＿＿＿＿＿＿＿＿＿

読解・会話表現

① 段落の中心となる文を見つけて，段落ごとに「ざっくり」内容をつかもう！

▶次の英文を読んで，あとの問いに答えなさい。

　　Lisa is a student from Australia. She is staying with Mr. Mori's family. She came to Japan two months ago. **At first she couldn't speak Japanese well. She was sad.**

　　One day Mr. Mori said, "Let's go to Kusatsu." The next day Lisa and her host family went to Kusatsu and enjoyed a hot spring. Lisa liked it very much. Mrs. Mori said, "Lisa, you're smiling! I'm very happy." **Then Lisa found that her host family were worrying about her.** She said with a smile, "I'm really happy. I'll try many new things." Now she's enjoying her stay in Japan.

（1）本文の内容に合うように，（　）に入る適切なものを**ア〜エ**から選び，記号を○で囲みなさい。

　　Lisa's host family hopes that (　　　　).

　　ア　she can speak Japanese well　　　　**イ**　she will go back to Australia

　　ウ　she will visit hot springs　　　　　　**エ**　she enjoys her stay in Japan

（2）本文のテーマとして適切なものはどれですか。**ア〜ウ**から選び，記号を○で囲みなさい。

　　ア　温泉のすばらしさ　　　**イ**　リサの気持ちの変化　　　**ウ**　ホストファミリーの悩み

② 代名詞が指すものを「直前の文から」探そう！

▶ケンが書いた次の英文を読んで，あとの問いに答えなさい。

　　Mr. Kato is one of my father's friends. He lost his sight at eighteen. Last Sunday he visited us and told us about mountains. He said, "I like climbing mountains." Then my little sister asked him, "When you get to the top of the mountain, you can't enjoy the view. **Why do you climb mountains?** Is it hard for you?" He said, "Yes. It's hard, but I feel happy in the mountains. The air is different there." "Is the air good?" she asked. "Yes. Very good," he answered. When I said, "I want to climb mountains, too," he looked happy. We enjoyed talking with him a lot.

（1）下線部の it が指す内容を日本語で答えなさい。　_____

（2）本文の内容に合うものを**ア〜エ**から選び，記号を○で囲みなさい。

　　ア　ケンとケンの妹はこの前の日曜日に加藤さんに会いに行った。

　　イ　加藤さんは山の頂上までは登らない。

　　ウ　加藤さんは山の空気はおいしいと思っている。

　　エ　ケンの妹は加藤さんと一緒に山に登りたいと思っている。

➡️ アンとエミの次の対話文を読んで，あとの問いに答えなさい。

Ann: Welcome to our home. Please come in.

Emi: Thank you. There are a lot of pictures on the wall.

Ann: We like pictures. <u>Most</u> of them are pictures of my family.
<small>↳「～のほとんど」</small>

Emi: Who's the girl in this picture? I see a shrine behind her.

Ann: **She's my mother.**

Emi: <u>Is she?</u> She looks so young.

Ann: It's an old picture. She went to Nara about twenty years ago. Her friend took the picture then.

(1) 下線部の she のあとに省略されている語句を書きなさい。

　　Is she ＿＿＿＿＿＿＿＿＿＿＿＿＿＿＿＿＿＿？

(2) 本文の内容に合うように，（　）に入る適切な語を書きなさい。

　　When Emi went to Ann's house, she（　①　）a lot of pictures on the wall. Ann's mother visited a（　②　）in Nara when she was（　③　）.

　　　　　　　①＿＿＿＿＿＿　　②＿＿＿＿＿＿　　③＿＿＿＿＿＿

➡️ ユキとトムの次の対話文を読んで，あとの問いに答えなさい。

Yuki: Hi, Tom. Are you free tomorrow afternoon?

Tom: Yes. But why?

Yuki: My father gave me two tickets for a <u>rock</u> concert. You are interested in rock music, <u>right</u>?
<small>↳「ロック」</small>
<small>↳「～ですね」</small>

Tom: Yes, I am. **And all my family love it**.

Yuki: Really? ①<u>Then I'll give you these two tickets.</u>

Tom: You can't go with me? Are you busy tomorrow?

Yuki: No. （　②　）

(1) ユキが下線部①のように言ったのは，何を知ったからですか。日本語で書きなさい。

＿＿＿＿＿＿＿＿＿＿＿＿＿＿＿＿＿＿＿＿＿＿＿＿＿＿＿＿＿＿＿＿

(2) （　②　）に入る適切な文を**ア**〜**エ**から選び，記号を○で囲みなさい。

　　ア I bought the tickets.　　**イ** I don't like rock music very much.

　　ウ My father is busy.　　**エ** I want to go to the concert with your brother.

⑤ 会話表現の基本は「疑問文と答え方」！

▶ 次の会話が成り立つように，（　）内から適切な語を選び，記号を○で囲みなさい。

(1) *A:* （ ア Sorry　イ Excuse　ウ Welcome ） **me.** Where is the post office?
（すみません）
B: It's in front of the restaurant.

(2) *A:* **Could you** （ ア tell　イ teach　ウ take ） **me the way to** City Park**?** （～への道を教えて
いただけますか）
B: Sure. Go along this street and turn right at the flower shop.

(3) *A:* **How** （ ア far　イ long　ウ much ） **does it take?** （どのくらいかかりますか）
B: About ten minutes.

(4) *A:* **Thank you very much.** （どうもありがとう）
B: **You're** （ ア kind　イ fine　ウ welcome ）**.** （どういたしまして）

(5) *A:* **What's** （ ア this　イ weather　ウ wrong ）**?** （どうしましたか）
B: I have a cold.
└▶「かぜ」

⑥ 電話での「応答パターン」を覚えよう！

▶ 次の電話での会話が成り立つように，＿＿に適切な語を入れなさい。

(1) *A:* Hello. This is Judy. ＿＿＿＿＿ ＿＿＿＿＿ **speak to** Ken, please?（～をお願いします）
B: Sure. **Just a** ＿＿＿＿＿**, please.** （少々お待ちください）

(2) *B:* Sorry, but he's ＿＿＿＿＿ right now. （あいにく留守です）
A: OK. **I'll** ＿＿＿＿＿ **back later.** （あとでかけ直します）

⑦ 店員と客の会話は「決まり文句」中心！

▶ 次の買い物での会話が成り立つように，（　）内から適切な語を選び，記号を○で囲みなさい。

(1) *A:* **May I** （ ア help　イ take　ウ have ） **you?** （いらっしゃいませ［お手伝いしましょうか］）
B: Yes, please. I'm looking for a bag.

(2) *A:* **How about** this T-shirt? （～はいかがですか）
B: That's nice. **I'll** （ ア like　イ want　ウ take ） **it.** （それをいただきます）

(3) *A:* **How** （ ア many　イ much　ウ old ） **is** this cap? （～はいくらですか）
B: It's 1000 yen.
└▶「円」

⑧ 「誘う・すすめる」疑問文に注意！

▶ 日本語の意味を表すように，＿＿に適切な語を入れなさい。

(1) ジュースはいかがですか。 ＿＿＿＿＿ **you like** some juice?

(2) いっしょにテニスをしませんか。 ＿＿＿＿＿ **don't we** play tennis together?

1 次の会話が成り立つように，（　）内から適切な語を選び，記号を〇で囲みなさい。　(4点×4)

(1) *A:*（ ア Do　イ May　ウ Will ）I help you?

　　B: Yes, please.　I'm looking for a baseball cap.

(2) *A:* Can I（ ア say　イ speak　ウ tell ）to Mary, please?

　　B: Sure.　Just a moment.

(3) *A:*（ ア Do　イ Will　ウ Would ）you like some more cake?

　　B: No, thank you.

(4) *A:* What's（ ア bad　イ different　ウ wrong ）?

　　B: I have a stomachache.

2 次の会話が成り立つように，＿＿に適切な語を入れなさい。　(4点×3)

(1) *A:* ＿＿＿＿＿＿ ＿＿＿＿＿＿ does it take from here to the nearest station?

　　B: About five minutes.

(2) *A:* Thank you very much.

　　B: You're ＿＿＿＿＿＿.

(3) *A:* Could you ＿＿＿＿＿＿ me the ＿＿＿＿＿＿ to City Library?

　　B: Sure.　Go along this street, and you'll see it on your left.

3 日本語の意味を表すように，＿＿に適切な語を入れなさい。　(4点×3)

(1) すみません。このあたりに郵便局はありますか。

　　＿＿＿＿＿＿ ＿＿＿＿＿＿. Is there a post office around here?

(2) (電話で)あとでかけ直します。

　　I'll ＿＿＿＿＿＿ back later.

(3) 新しいレストランで昼食を食べるのはどうですか。

　　＿＿＿＿＿＿ ＿＿＿＿＿＿ having lunch at the new restaurant?

4 （　）内の語(句)を使って，日本語の表す状況を英語で表しなさい。　(10点×2)

(1) 店で，目の前にあるカメラの値段をたずねるとき。(this camera)

　　＿＿＿＿＿＿＿＿＿＿＿＿＿＿＿＿＿＿＿＿＿＿＿＿＿＿＿

(2) 相手に，明日買い物に行きませんかと誘うとき。(don't, go shopping)

　　＿＿＿＿＿＿＿＿＿＿＿＿＿＿＿＿＿＿＿＿＿＿＿＿＿＿＿

5 コウジが書いた次の英文を読んで，あとの問いに答えなさい。 (計20点)

Kenta is one of my good friends. We are on the same soccer team. I think he is the best player in our team. I'm as tall as he. I practice as hard as he. But I can't play as well as he.

I found that there was one difference between Kenta and me.
　　　　　　　　　　　　　　　　　↳「違い」

After we practiced soccer yesterday, he showed me a book about a famous soccer player. He said, "He's my hero. I read this book again and again. I want to be a good
　　　　　　　　　　　　　　　　　　　　　　　　　　　↳「何度も何度も」
player like him."

He has a hero in his mind. That's the difference. I think that having a dream is
　　　　　　　　　　　　↳「心」
important.

(1) 下線部の That が指す内容を日本語で答えなさい。 (12点)

_____

(2) 本文の内容に合うように，（　）に入る適切なものを**ア〜エ**から選び，記号を○で囲みなさい。
Koji thinks that Kenta (　　　). (8点)

ア plays soccer the best in their team

イ wants to be famous

ウ should read the book again

エ will become a hero in the future

6 アヤとメアリーの次の対話文を読んで，あとの問いに答えなさい。 (計20点)

Aya: You didn't come to school yesterday. Were you sick?

Mary: Yes. I had a cold and stayed in bed all day.
　　　　　　　　　　　↳「かぜ」

Aya: You looked well when I saw you at school the day before yesterday.
　　　　　　　　　　　　　　　　　　　　　　　　　↳「一昨日」

Mary: I went to the park after school. When I was walking there, it started raining.
　　　　　　　　　　　　　　　　　　　　　　　　　　　　　　↳「雨が降る」

Aya: Oh, did you have an umbrella?

Mary: Yes, I did. Well, I wasn't wearing a coat then. It was so cold.
　　　　　　　　　　　　　　↳「コートを着ている」

(1) 本文の内容に合うものを**ア〜エ**から選び，記号を○で囲みなさい。 (8点)

ア アヤとメアリーは一昨日，公園で会った。

イ メアリーは一昨日も昨日も学校に行かなかった。

ウ 一昨日，メアリーはかさを持っていなかったので，雨にぬれてしまった。

エ 一昨日，雨が降って寒かったので，メアリーはかぜをひいてしまった。

(2) 本文の内容に合うように，（　）に入る適切な語を書きなさい。 (4点×3)

When Mary was in the (　①　), it started raining. She felt (　②　) because she didn't wear a coat. The next day she was (　③　) in bed all day.

①_____　②_____　③_____

44

時 間 50 分　目標 70 点

得点

点

解答 別冊 p.23

1 次の文の(　　　)内から適切なものを選び，記号で答えなさい。　　(4点×7)　〔大阪府〕

(1) 私の兄は昨夜とても疲れていました。

My brother was very (　ア excited　　イ surprised　　ウ tired) last night.

(2) その店は郵便局とスーパーマーケットの間にあります。

The store is (　ア between　　イ from　　ウ to) the post office and the supermarket.

(3) その地域にはたくさんの良いレストランがあります。

There (　ア be　　イ is　　ウ are) many nice restaurants in the area.

(4) 私は昨日，私の祖母から手紙を受け取りました。

I (　ア receive　　イ received　　ウ receiving) a letter from my grandmother yesterday.

(5) 私は私の姉よりも速く走ることができます。

I can run (　ア fast　　イ faster　　ウ fastest) than my sister.

(6) 私は今日，たくさんの宿題をしなければなりません。

I must (　ア do　　イ doing　　ウ to do) a lot of homework today.

(7) あれらの教科書はあなたのものですか。

(　ア Am　　イ Is　　ウ Are) those textbooks yours?

(1)		(2)		(3)		(4)		(5)		(6)		(7)	

2 次の対話が成り立つように，(　　　)に入る最も適切な1語を下の語群から選び，適切な形に
かえて入れなさい。ただし，語群の単語はそれぞれ1度しか使いません。(6点×3)　〔沖縄県〕

(1) *A:* Okinawa soba looks very delicious.

B: I think this is the (　　　) food of all in Okinawa.

(2) *A:* Do you like sports?

B: Yes. I love (　　　) soccer with my friends very much!

(3) *A:* Can you say that again? You speak too fast.

B: OK. I'll try to speak more (　　　).

語群：　sing　/　slow　/　good　/　eat　/　play

(1)		(2)		(3)	

3 次の表の右側には，左側の語のグループに属する語が並んでいます。（ ① ）～（ ③ ）に入る語を，例を参考にしながら，それぞれ英語１語で書きなさい。 (4点×3) 〔兵庫県〕

| 例 | weather | cloudy, rainy, snowy, sunny など |

(①)	spring, summer, fall, winter
meal	(②), lunch, dinner など
(③)	blue, brown, purple, red, yellow など

①		②		③	

4 次の対話が成り立つように，（   ）内の語を並べかえて，左から順にその記号を書きなさい。 (6点×4) 〔愛媛県〕

(1) A: I want to practice the guitar. But I don't have one.
   B: OK. You can use mine. I'll (ア it イ to ウ bring エ you) tomorrow.

(2) A: I need to go to the hospital now, but it's raining. Where is my umbrella?
   B: Don't worry. You don't (ア to イ it ウ take エ have). I'll take you there by car.

(3) A: I (ア to イ something ウ give エ have) you. Here you are.
   B: Wow, thank you. Can I open it?
   A: Sure.

(4) A: Did you hear that Tom saved a child?
   B: Yes. That (ア happy イ me ウ made エ news).

(1)	→ → →	(2)	→ → →
(3)	→ → →	(4)	→ → →

5 次のような状況において，あとの①・②のとき，あなたならどのように英語で表しますか。それぞれ４語以上の英文を書きなさい。ただし，I'm などの短縮形は１語として数え，コンマ (,)，ピリオド (.) などは語数に入れません。 (9点×2) 〔三重県改題〕

【状況】あなたは，カナダから来た留学生の David と，週明けに学校で話をしています。

① 昨日は，雨が降っていたので，家で過ごしたと伝えるとき。

② この本を読み終えたと伝えるとき。

①	
②	

時間 50 分　目標 70 点　得点　　点

解答 別冊 p.25

1 次の図書館の利用案内とカレンダーを見て，下の(1)，(2)の質問の答えとして最も適当なものを，ア〜エの中から一つずつ選び，記号で答えなさい。　〔島根県〕

City Library

Open: Monday to Friday　　　9:00 a.m. — 6:00 p.m.

　　　Saturday and Sunday　　8:00 a.m. — 5:00 p.m.

Closed: the first and third Sundays and Holidays

● Please be quiet in the library.

● You can borrow five books in all.

● You can borrow the books for two weeks.

9 ○ Holidays

Mon	Tue	Wed	Thu	Fri	Sat	Sun
		1	2	3	4	5
6	7	8	9	10	11	12
13	14	15	16	17	18	19
⑳	21	22	㉓	24	25	26
27	28	29	30			

10 ○ Holidays

Mon	Tue	Wed	Thu	Fri	Sat	Sun
				1	2	3
4	5	6	7	8	9	10
⑪	12	13	14	15	16	17
18	19	20	21	22	23	24
25	26	27	28	29	30	31

(1) How many days can you use the library in September?　　(15点)

　ア　26 days　　イ　27 days　　ウ　28 days　　エ　29 days

(2) Which is NOT true about the library?　　(15点)

　ア　You can use the library every Tuesday in October.

　イ　You can use the library longer on Monday than on Saturday.

　ウ　You can't borrow six books at one time for two weeks.

　エ　You can't talk with your friends in a big voice in the library.

(1)		(2)	

2 次の会話の＿＿＿に入れるのに最も適切なものを，ア〜エの中から一つ選び，その符号を書きなさい。　　(15点)　〔岐阜県〕

（昼休みの教室で）

Akiko : You don't look good, Mike. Are you all right?

Mike : I feel very sick today.

Akiko : That's too bad. Maybe you have a cold. ＿＿＿＿＿＿＿＿＿＿＿

Mike : Thank you, Akiko. I will.

ア　You should go home now.　　イ　I have a cold, too.

ウ　We can have fun together.　　エ　You must not go to the hospital.

3 ジュディ(Judy)はニュージーランドからの留学生です。次は，ジュディが英語の授業で行ったスピーチの原稿です。彼女が書いたこの原稿を読んで，あとの問いに答えなさい。

〔大阪府改題〕

Hello, everyone. What is your favorite animal? I like penguins the most. Penguins are birds, but they can't fly. They can swim well in the water. There are many kinds ① penguins in the world. Today, I will talk about my favorite penguin.

Please look at the picture. They are cute, right? Do you know their name? Look at their faces. These penguins have a black line under their chins. The line looks like a strap, so they are called "chinstrap penguin" in English.

Last month, I went to a popular zoo with my host family. In Japan, Ⓐit is one of my favorite places because I can meet my favorite penguin. When I was watching chinstrap penguins, I learned they were called "*hige* penguin" in Japanese. I asked, "What does *hige* mean?" Then, my host family answered, "*Hige* means beard. The black line looks like a beard." I thought the difference of the names was interesting.

Now, look at the black line again. What does it look like to you? I think the black line looks like a mouth. When I first saw these penguins, I thought they were smiling. So, I want to call them "smile penguin." If you can name these penguins, what will you call them? Thank you for listening.

(注)penguin ペンギン　　chin あご　　strap ひも　　chinstrap あごひも　　*hige* ひげ　　beard ひげ

(1) 次のうち，本文中の ① に入れるのに最も適しているものはどれですか。一つ選び，記号で答えなさい。 (15点)

　　ア at　　　　イ by　　　　ウ of　　　　エ to

(2) 本文中のⒶit の表している内容に当たるものとして最も適しているひとつづきの英語3語を，本文中から抜き出して書きなさい。 (20点)

(3) 次のうち，ジュディについて本文で述べられている内容と合うものはどれですか。一つ選び，記号で答えなさい。 (20点)

　　ア 世界にいるたくさんの種類のペンギンのうち，3種類のペンギンを紹介した。

　　イ 好きな種類のペンギンに黒い線がある理由を，ホストファミリーから教わった。

　　ウ 好きな種類のペンギンの名前が英語と日本語とで違っていて面白いと思った。

　　エ 好きな種類のペンギンが「笑顔ペンギン」と呼ばれていると知ってうれしくなった。

(1)		(2)		(3)	

中1・2年の総復習　英語

取りはずしてご使用ください。

ホントにわかる
中1・2年の総復習
英語

解答と解説

新興出版社
shinko publishing

ステップ 1

① (1) are　(2) am　(3) are　(4) is　(5) are　(6) is
② (1) plays　(2) have　(3) like　(4) studies　(5) does
③ (1) I am[I'm] not Peter's sister.　(2) That is not[isn't] my ball. [That's not my ball.]
　　(3) Lisa does not[doesn't] like tennis.　(4) They do not[don't] play the piano.
④ (1) Is　(2) Are　(3) Is, is　(4) Does, like, does　(5) does, do

解説

① (1)主語の we(私たちは) は 2 人以上の複数なので，be 動詞は are になる。「私たちは野球のファンです」
(2)「私は今日はひまです」
(3)主語の Yuki and I は複数なので，be 動詞は are になる。「ユキと私はよい友だちです」
(4)主語の Ms. Green は三人称単数なので，be 動詞は is になる。「グリーンさん[先生]は私たちの先生です」
(5)「あなたは上手なサッカーの選手です」
(6)〈be 動詞＋in 〜〉で「〜(の中)にいる[ある]」の意味。「サムは今，公園にいます」

② (1) Aya は三人称単数なので play の語尾に -s が付く。「アヤは毎日テニスをします」
(2)「私はイヌを飼っています」
(3)「ジュンとマイクは音楽が好きです」
(4)主語 Emi は三人称単数。study は語尾が〈子音字 (d)＋y〉なので，y を i にかえて -es を付ける。「エミは熱心に英語を勉強します」
(5) do は「〜をする」という意味の動詞。「私の兄[弟]は夕食前に宿題をします」

③ (1)(2) be 動詞の否定文は，be 動詞のあとに not をおく。
(1)「私はピーターの姉[妹]ではありません」
(2)「あれは私のボールではありません」
(3)(4)一般動詞の否定文は，動詞の前に do [does] not をおく。動詞は原形になる。
(3)「リサはテニスが好きではありません」
(4)「彼らはピアノを弾きません」

④ (1)〜(3) be 動詞の疑問文は，be 動詞を主語の前におく。答えにも be 動詞を使う。
(1)「これはあなたのかばんですか」
　　―「はい，そうです」
(2)「あなたはテニスの選手ですか」
　　―「はい，そうです」
(3)「マイは今，彼女の部屋にいますか」
　　―「いいえ，いません」
(4)一般動詞の疑問文は，do[does] を主語の前におき，動詞は原形になる。答えにも do [does] を使う。「あなたのお父さんは野球が好きですか」―「いいえ，好きではありません」
(5)「エミは放課後に何をしますか」―「彼女は剣道を練習します」

ステップ 2

1 (1) ウ　(2) イ　(3) イ　(4) ウ
2 (1) Are, I'm[we're]　(2) Do, do　(3) is　(4) Are, aren't　(5) Does, not
3 (1) Does, go　(2) studies　(3) are not　(4) doesn't have
4 (1) plays　(2) have
5 (1) This is not my book(.)　(2) Andy runs in the park every (morning.)
　　(3) This comic book is popular (in our class.)
6 (1) (My brother) is very busy(.)　(2) (Mr. Suzuki) teaches math (to us.)
　　(3) (My aunt) lives in Hokkaido(.)
7 (1) Your bag is under the desk.　(2) My sister does not[doesn't] eat breakfast.
　　(3) Ms. Yamamoto has two cats.　(4) Where are you from?

1 (1)主語の Takuya は**三人称単数**なので，be
動詞は **is**。「タクヤは佐賀出身です」
(2)主語が **you** なので，be 動詞は **are**。「あ
なたたちは私のよい友だちです」
(3)主語の my grandfather は**三人称単数**な
ので，動詞の語尾に **-(e)s** が付く。live →
lives 「私の祖父は福岡に住んでいます」
(4)主語が**三人称単数**の一般動詞の否定文は，
動詞の原形の前に **doesn't** をおく。「マイケ
ルは夕食後にテレビを見ません」

2 (1)A の文には動詞がないので，**Are** を入れ
て **be 動詞の疑問文**にする。
A: あなた(たち)は今，忙しいですか。
B: いいえ，忙しくありません。
(2)A の文は，know があるので**一般動詞の
疑問文**。主語が you なので **Do** が入る。
A: あなたは向こうのあの少女を知っていま
すか。
B: はい，知っています。あちらはジムのお
姉さん[妹さん]です。
(3)A の文には動詞がないので，**is** を入れて
「何」とたずねる **be 動詞の疑問文**にする。
A: あれは何ですか。　B: 図書館です。
(4)A の文には動詞がないので，**Are** を入れ
て **be 動詞の疑問文**にする。
A: これらの少年たちはあなたの兄弟ですか。
B: いいえ，ちがいます。
(5)A の文は，want があるので**一般動詞の
疑問文**。主語の Judy が三人称単数なので
Does が入る。
A: ジュディはイヌがほしいですか。

B: いいえ，ほしくありません。

3 (1)(4)主語が三人称単数の一般動詞の文は，疑
問文でも否定文でも **does** を使う。
(2)主語が**三人称単数**の肯定文なので，動詞の
語尾に **-(e)s** が付く。study → studies
(3)「～ではない」は be 動詞の否定文で表す。

4 (1)「上手な野球選手」→「野球を上手に**する**」
{ ケンは上手な野球選手です。
{ ケンは上手に野球をします。
(2)「あなたのかばんはとてもすてきだ」→
「とてもすてきなかばんを**持っている**」
{ あなたのかばんはとてもすてきです。
{ あなたはとてもすてきなかばんを持ってい
{ ます。

5 〈主語＋動詞 ....〉の順を常に意識する。
(1)「これは/ではありません/私の/本」
(2)「アンディは/走ります/～で/公園/毎」
(3)「この/マンガは/です/人気がある」

6 be 動詞と一般動詞のどちらの文か見極める。
(1)be 動詞の文。「私の兄」=「(とても)忙し
い」の関係。「私の兄はとても忙しいです」
(2)(3)一般動詞の文。主語は**三人称単数**なので，
動詞の語尾に -(e)s を付ける。
(2)「鈴木先生は私たちに数学を教えます」
(3)「私のおばは北海道に住んでいます」

7 (1)「机の下に」は under the desk で表す。
(2)「私の姉」は my sister。「食べる」は
eat で表す。
(3)主語は三人称単数なので，「飼っている」
は have → has と変化。
(4)場所は where でたずねる。「～の出身で
ある」は〈be 動詞＋from ～(出身地)〉で表す。

入試につながる

・英語の文は〈主語＋動詞〉のセットがあることが基本。
・主語が三人称単数や〈～ and ...〉のときの動詞の形を間違えないようにしよう。

↑パワーアップ

□ Ken **is** a tennis fan. He and I **are** in the same class. (ケンはテニスのファンです。彼と私は同じクラスです)
□ **Is** that woman a doctor? —— No, she **is not**. 　　(あの女性は医者ですか。——いいえ，ちがいます)
□ I **like** tennis. My brother **likes** baseball. 　　(私はテニスが好きです。兄[弟]は野球が好きです)
□ **Do** you **speak** Chinese? —— No, I **don't**. 　　(あなたは中国語を話しますか。——いいえ，話しません)
□ Tom **does not play** the guitar. 　　(トムはギターを弾きません)

ステップ 1

① (1) are　(2) play　(3) is　(4) has

② (1) was　(2) cooked　(3) came

③ (1) was not　(2) did not go　(3) were not

④ (1) Was Kenta at home?, was　(2) Were you tired?, was not
　(3) Did Mika visit Kyoto?, did

解説

① (1) Mike and Jun は**複数**なので be 動詞は are になる。gym は「体育館」。「マイクとジュンは今，体育館にいます」
(2)「私は毎週日曜日にテニスをします」とする。I am tennis. では意味が通らない。
(3) the flower は**三人称単数**なので，go は選べない。「その花は美しい」とする。
(4) Tom は**三人称単数**。have は has と不規則に変化する。「トムはたくさんの CD を持っています」

② 〜 ago，last 〜，yesterday は過去を表す語(句)なので，動詞を過去形にする。
(1) is の過去形は was。「リサは 10 年前に歌手でした」
(2) cook は -ed を付けて過去形にする。「私はこの前の土曜日に夕食を作りました」
(3) come は不規則動詞。過去形は came。「ケンは昨日，5 時に帰宅しました」

③ (1) be 動詞の過去の否定文は was[were] のあとに not をおく。主語が三人称単数なので was not を入れる。
(2) 一般動詞の過去の否定文は**動詞の前に** did not をおく。did not のあとの動詞は常に原形になる。
(3) be 動詞の過去の否定文は was[were] のあとに not をおく。主語が複数なので were not を入れる。

④ (1)(2) be 動詞の過去の疑問文は，was[were] を主語の前におく。答えにも be 動詞を使う。
(1)「ケンタは家にいましたか」―「はい，いました」
(2)「あなたは疲れていましたか」―「いいえ，疲れていませんでした」
(3) 一般動詞の過去の疑問文は，did を主語の前におき，動詞は原形になる。答えにも did を使う。「ミカは京都を訪れましたか」―「はい，訪れました」

ステップ 2

1 (1) has　(2) were　(3) called

2 (1) came, last　(2) doesn't watch　(3) Did, have　(4) I'm not　(5) were not

3 (1) Did, didn't　(2) were, was　(3) Does, does　(4) is

4 (1) Did Lisa buy a book last Sunday?
　(2) Ann did not[didn't] get up early this morning.

5 (1) Ken was not at home (yesterday.)　(2) Taro didn't write to his uncle(.)
　(3) These cities were small villages (100 years ago.)

6 (1) (Kaori) got up at seven (o'clock)(.)
　(2) (Kaori) washed the car (with her father.)
　(3) (Kaori) studied English (in her room.)

7 (1) I did not[didn't] see Miki yesterday.
　(2) Were you and Jim in the same class last year?
　(3) My dog was two (years old) then.
　(4) What did you do last Saturday?

1 (1) 2つ目の文より，現在の文だとわかる。主語が**三人称単数**なので **has** にする。「ユミには 2 人の兄弟がいます。彼らは野球がとても好きです」

(2)過去を表す yesterday afternoon があるので，bc 動詞を**過去形**にする。「私たちは昨日の午後，音楽室にいました」

(3)過去を表す last night があるので過去形にする。「ジムは昨夜，私に電話しました」

2 (1)come は不規則動詞で過去形は came。last month で「先月」。

(2)主語が三人称単数の一般動詞の現在の否定文は**動詞の原形の前に does not[doesn't]** をおく。

(3)一般動詞の過去の疑問文は，**did を主語の前**におき，動詞は**原形**になる。have a good time で「楽しく過ごす」。

(4)(5)be 動詞の否定文は be 動詞のあとに **not** をおく。(4)は現在，(5)は過去の文。

3 (1)一般動詞の過去の疑問文と答えの文。
A: あなたは昨日テニスを練習しましたか。
B: いいえ，しませんでした。

(2) A の文には動詞がないので be 動詞の疑問文にする。主語が you で，last Sunday（この前の日曜日）があるので，were が適切。
A: この前の日曜日にあなたはどこにいましたか。
B: 私は公園にいました。

(3) A の文は，B の 2 つ目の文から，一般動詞の現在の疑問文にする。Does を入れる。

A: マイクはすしが好きですか。
B: はい，好きです。彼はすき焼きも好きです。

(4) B の答えから be 動詞の現在の疑問文にする。
A: あなたのサッカーの試合はいつですか。
B: 次の土曜日です。

4 (1)主語の前に did をおき，bought を**原形** buy にする。「リサはこの前の日曜日に本を買いましたか」

(2)〈did not[didn't] ＋動詞の原形〉に。「アンは今朝早く起きませんでした」

5 (1)be 動詞の過去の否定文。did が不要。be at home「家にいる」

(2)一般動詞の過去の否定文。「～に手紙を書く」は write to ～ で表す。wasn't が不要。

(3)be 動詞の過去の文。had が不要。

6 (1)get up「起きる」の過去形は got up。「～時に」は at ～。「カオリは 7 時に起きました」

(2)wash「～を洗う」の過去形は washed。「カオリは父親といっしょに車を洗いました」

(3)study「勉強する」の過去形は studied。「カオリは彼女の部屋で英語を勉強しました」

7 (1)一般動詞の過去の否定文。

(2)be 動詞の過去の疑問文。「同じクラスに」は in the same class で表す。主語の you and Jim は**複数**なので，**be 動詞は were**。

(3)be 動詞の過去の文。主語が my dog で三人称単数なので，**be 動詞は was**。

(4)what を文頭におき，一般動詞の過去の疑問文の語順を続ける。（　　）内の do は「～をする」という意味の動詞。

入試につながる

・不規則動詞の過去形は 1 つ 1 つ覚えよう。

・一般動詞の否定文・疑問文では，動詞が原形であることに注意しよう。

↑パワーアップ

□ A week **has** seven days. （1週間は 7 日あります）

□ The movie **was not** interesting. （その映画はおもしろくありませんでした）

□ **Were** you at home last night? —— Yes, I **was**. （昨夜は家にいましたか。——はい，いました）

□ Many students **didn't come** to school last Friday. （多くの生徒がこの前の金曜日に学校に来ませんでした）

□ **Did** you **watch** the soccer game yesterday? —— Yes, I **did**.
（昨日サッカーの試合を見ましたか。——はい，見ました）

<table>
<tr><td rowspan="4">ステップ **1**</td><td>①</td><td>(1) eating　(2) are　(3) are　(4) Is</td></tr>
<tr><td>②</td><td>(1) studying　(2) writing　(3) were　(4) Was</td></tr>
<tr><td>③</td><td>(1) will get　(2) will not be　(3) Will, swim</td></tr>
<tr><td>④</td><td>(1) going to　(2) is not going　(3) Are, going to</td></tr>
</table>

解説

① (1)( )の前に be 動詞があるので，-ing 形を選び，**現在進行形**の文を完成させる。「リサは昼食を食べています」

(2)主語が複数なので are を選ぶ。「私の兄弟は今，テニスをしています」

(3)(4) listening, using があるので，be 動詞を選び，**現在進行形**の文にする。

(3)「私たちは音楽を聞いていません」

(4)「ナオコはコンピュータを使っていますか」

② (1)(2)( )の前に **were, was** があるので，-ing 形にして，**過去進行形**の文を完成させる。

(1)「私たちはそのとき英語を勉強していました」

(2)「私は E メールを書いていました」

(3)(4) **then, at that time** があるので，be 動詞を過去形にする。

(3)「彼らはそのときテレビを見ていませんでした」

(4)「ミキはそのとき夕食を作っていましたか」

③ (1) will のあとの動詞は原形にする。「アンは毎日 6 時に起きます」→「アンは明日 6 時に起きるでしょう」

(2)否定文は will のあとに not をおく。「今日は晴れていません」→「次の日曜日は晴れないでしょう」

(3)疑問文は**主語の前に** will をおく。「ポールは泳ぎますか」→「ポールは明日の午後泳ぐでしょうか」

④ (1)解答欄の前に be 動詞(am)があるので「〜するつもりだ」を〈**be going to** ＋動詞の原形〉で表す。

(2)否定文は be 動詞のあとに not をおく。

(3)「〜するつもりですか」は be 動詞を主語の前において going to 〜を続ける。

<table>
<tr><td rowspan="7">ステップ **2**</td><td>**1**</td><td>(1) イ　(2) ア　(3) ウ　(4) ウ　(5) イ</td></tr>
<tr><td>**2**</td><td>(1) will practice　(2) is making　(3) won't be　(4) were having
(5) not going to　(6) wasn't writing</td></tr>
<tr><td>**3**</td><td>(1) Will, be, won't　(2) Is, going　(3) What, doing　(4) When will</td></tr>
<tr><td>**4**</td><td>(1) going to be　(2) was swimming　(3) will, come[be]</td></tr>
<tr><td>**5**</td><td>(1) Mike is not reading a comic book (now.)
(2) My sister will be eleven years old next (month.)
(3) We are not going to sing (at the party.)</td></tr>
<tr><td>**6**</td><td>(1) (She) is taking pictures(.)
(2) (He) is going to play basketball (with his friends.)</td></tr>
<tr><td>**7**</td><td>(1) My brother will do his homework this evening.
(2) What were you doing at ten last night?</td></tr>
</table>

解説

1 (1)(5)( )の前に **be 動詞**があるので -ing 形を選び，**進行形**の文に。(1)「ケンジはそのときコンピュータを使っていました」(5)「田中さん[先生]は今，彼の車を洗っています」

(2) will のあとの動詞は**原形**。「マキは新しいかばんを買うでしょう」

(3)( )の前に are going があるので，to

play を選び，**be going to ～**の文にする。「私たちは明日サッカーをするつもりです」

(4) someday は未来を表す語。「ジムはいつかオーストラリアを訪れるでしょう」

2 (1) **tomorrow** は未来を表す語なので，will を使って未来の文にする。「メアリーはギターを練習します」→「メアリーは明日，ギターを練習するでしょう」

(2) 現在進行形は〈am[are, is] ＋動詞の -ing 形〉。「ケンはテーブルを作ります」→「ケンはテーブルを作っています」

(3) **next ～**は未来を表す語なので，will を使って未来の文に。will not の短縮形は won't。「私の兄[弟]は今日，忙しくないです」→「私の兄[弟]は次の日曜日，忙しくないでしょう」

(4) 過去進行形は〈was[were] ＋動詞の -ing 形〉。「私たちは昨日そのレストランで昼食をとりました」→「私たちはそのときそのレストランで昼食をとっていました」

(5) 否定文は **be 動詞のあとに not** をおく。「私は今日の午後に私のおばを訪ねるつもりです」→「私は今日の午後に私のおばを訪ねるつもりはありません」

(6) 過去進行形の否定文は〈was[were] not ＋動詞の -ing 形〉。ここでは wasn't を使う。「アンは手紙を書きませんでした」→「アンは手紙を書いていませんでした」

3 (1) A の文は **next ～**があるので will を入れて未来の文にする。
A: アヤは次の土曜日，ひまでしょうか。
B: いいえ，ひまではないでしょう。

(2) to と next ～から **be going to ～**の疑問文に。
A: サムは来週，東京に滞在するつもりですか。
B: はい，そうです。

(3) B は「彼女は話しています」と現在進行形で答えているので，A は「何をしていますか」とたずねる文に。
A: あなたのお姉さん[妹さん]は今，何をしていますか。
B: 彼女は彼女の友だちと話しています。

(4) B の答え「今週末」から A は「いつ行くでしょうか」とたずねていることがわかる。
A: ユミはいつ北海道に行くでしょうか。
B: 彼女は今週末にそこに行くでしょう。

4 (1) 「～しそうです」は **be going to ～**。to のあとの動詞は**原形**になる。be 動詞の原形は be。

(2) 「そのとき～していた」は過去進行形で表す。

(3) 「～でしょうか」は will で表す。動詞は**原形**になる。

5 (1) 現在進行形の否定文。does が不要。

(2) will のあとの動詞は原形。be 動詞「～になる」の原形は be。is が不要。

(3) be going to ～の否定文。will が不要。

6 (1) 「彼女は今何をしていますか」という質問。「彼女は写真を撮っています」と答える。「(複数の)写真を撮る」は take pictures。

(2) 「コウジは今週末に何をするつもりですか」という質問。「彼は友達とバスケットボールをするつもりです」と答える。

7 (1) will を使って未来の文にする。「宿題をする」は do his homework。

(2) 過去進行形の疑問文にする。「何を」＝ what

入試につながる

・現在[過去]進行形，be going to ～の be 動詞を主語によって使い分けられるようにしよう。
・-ing 形の作り方を間違えないようにしよう。

↑ パワーアップ

☐ Jim **is talking** with his friends now.　(ジムは今，友だちと話しています)

☐ **Were** you **listening** to music then? —— Yes, I was.　(あなたはそのとき音楽を聞いていましたか。——はい，聞いていました)

☐ I **will** play soccer tomorrow.　(私は明日サッカーをするつもりです)

☐ **Is** Yumi **going to** visit Kyoto next month? —— No, she isn't.　(ユミは来月京都を訪れるつもりですか。——いいえ，訪れるつもりはありません)

☐ It **is going to** snow.　(雪が降りそうです)

ステップ 1

① (1) I waited for 20 minutes(.)　(2) I go to school with Tom(.)　(3) be　(4) looks

② (1) study　(2) saw　(3) (I'll) show you my new guitar(.)

③ (1) (Hitomi) named her dog Shiro(.)　(2) (Kenji's friends) call him Ken(.)

(3) (Lisa's letter) made us happy(.)

④ (1) Do your homework.　(2) Don't run in the room.　(3) is　(4) Are, there

解説

① (1)(2)〈主語＋動詞〉のあとに時や場所を表す語句が続く。

(3)「私の姉[妹]は歌手になるでしょう」という文。

(4)「ジョンは疲れて見える」という文。「〜に見える」は look で表す。

② (1)「私たちは音楽を勉強します」とする。are では意味が通らない。

(2) saw は see「〜に会う」の過去形。「私は昨日有名なサッカー選手に会いました」とする。

(3)〈show ＋(人)＋(もの)〉にする。「あなたに私の新しいギターを見せましょう」

③ (1)〈name〜 ...〉で「〜を…と名づける」。「ヒトミは彼女のイヌをシロと名づけました」

(2)〈call 〜 ...〉で「〜を…と呼ぶ」。「ケンジの友だちは彼をケンと呼びます」

(3)〈make 〜 ...〉で「〜を…にする」。「リサの手紙は私たちを幸せにしました」

④ (1)命令文は動詞の原形で始める。「宿題をしなさい」

(2)否定の命令文は Don't で始める。「部屋で走ってはいけません」

(3) a cat は単数なので is を選ぶ。「テーブルの下にネコがいます」

(4) many flowers は複数なので Are を選ぶ。Is[Are] there 〜? には, there を使って答える。「公園にはたくさんの花がありますか」—「はい, あります」

ステップ 2

1 (1) イ　(2) ア　(3) ア　(4) ウ

2 (1) Are, there　(2) it[this] to

3 (1) Don't play　(2) teaches us music　(3) didn't do　(4) talked, lot

4 (1) to me　(2) Be kind　(3) wasn't any[was no]　(4) sounded great

5 (1) me his camera　(2) There are[We have]　(3) likes[loves]

6 (1) Takuya's house is near the flower shop(.)　(2) My aunt told me an old story(.)

(3) What does Mike call his brother(?)

7 (1) (There) are two books (on the desk.)

(2) There is[There's] a cat (under the chair.)

(3) There is[There's] a racket by the (bed.)

8 (1) It is[It's] getting[becoming] cold.

(2) I bought a[one] book for my sister.

(3) How many boys are there in your class?

解説

1 (1) There is のあとには**不特定のものを表す語句**がくる。「テーブルの上にリンゴが1つあります」

(2)「土曜日は金曜日のあとに来ます」

(3) looked happy で「うれしそうに見えた」。「リサは昨日うれしそうに見えました」

(4)〈name 〜 ...〉で「〜を…と名づける」。

「ミホは彼女のイヌをコロと名づけました」

2 (1)Bの aren't から現在の文だと考える。Are there ～? には there を使って答える。

A: この辺にハンバーガーショップはありますか。

B: いいえ，ありません。

(2)Bは「兄[弟]が私にそれをくれました」と言っている。文の最後に me があるので〈SV ＋(もの)＋ to[for]＋(人)〉で表す。give は「(人)に」というとき to を使う。

A: あなたのかばんはすてきです。

B: ありがとうございます。兄[弟]がそれ[これ]を私にくれました。

3 (1)**否定の命令文**は Don't で始め，動詞の原形を続ける。

(2)〈teach ＋(人)＋(もの)〉の順で表す。Mr. Hirai は三人称単数で，現在の文なので，動詞に -es をつけて，teaches とする。

(3)解答欄の数から，did not は短縮形の**didn't** を使う。

(4)「この前の日曜日」と「話しました」から，一般動詞の過去の文。**「たくさん」**は a lot。

4 (1)〈send ＋(人)＋(もの)〉を〈send ＋(もの)＋ to ＋(人)〉にする。「林さん[先生]は私にプレゼントを送ってくれました」

(2)**be 動詞の命令文**は Be で始める。「兄弟に優しくしなさい」

(3)**「少しの～もない」**は not any ～，または no ～ で表す。「カップの中に水は少しもありませんでした」

(4)「～に**聞こえる**」は〈sound ＋形容詞〉。「ジュディの考えはすばらしそうに聞こえた」

5 (1)〈show ＋(人)＋(もの)〉の順で表す。「ジョンは私に彼のカメラを見せました」

(2)「私たちのクラブには 20 人の部員がいます」「～がいる」は複数なので，There are ～. で表す。ここでは We have ～. も可能。

(3)「すしは私の父の大好きな食べ物です」→「私の父はすしが**大好きです**」

6 (1)〈主語＋動詞〉のあとに場所を表す語句が続く文。「タクヤの家」は特定のものなので，there は使わない。there が不要。

(2)〈SV ＋(人)＋(もの)〉の形。to が不要。

(3)「～を…と呼ぶ」は〈call ～ ...〉で表すので，say が不要。「何」を表す what で始まる疑問文にする。

7 「～が…にある[いる]」は〈There is[are] ～ ＋場所を表す語句.〉で表せる。「2 冊の本」は two books。book を複数形にすること。「～の上に」は on，「～の下に」は under，「～のそばに」は by。「机の上に本が 2 冊あります」「いすの下にネコが 1 匹います」「ベッドのそばにラケットが 1 つあります」

8 (1)「～になる」は〈get[become] ＋形容詞〉。「なってきている」なので現在進行形で表す。

(2)〈SV ＋(もの)＋ for ＋(人)〉で表す。「私は本を 1 冊買った＋妹のために」の順で表す。

(3)〈How many ＋名詞の複数形～?〉で「いくつの～」となる。これに there are の疑問文を続ける。

入試につながる

・SVOO の文では〈(人)＋(もの)〉の順に注意しよう。

・There is[are] ～. の be 動詞は，あとに続く名詞が単数か複数か，文は現在か過去かで使い分けよう。

⬆ パワーアップ

☐ Judy **looked** tired.　　　　　　　　　　　　　　（ジュディは疲れているように見えました）

☐ I'll **give** you this CD.　　　　　　　　　　　　（あなたにこの CD をあげましょう）

☐ My father **named** his dog John.　　　　　　　（私の父は彼のイヌをジョンと名づけました）

☐ **Don't** eat in the library.　　　　　　　　　　　（図書館で食事をしてはいけません）

☐ **Are there** any books on the desk? —— Yes, **there are**.　（机の上に本がありますか。——はい，あります）

本冊 p.20〜23

ステップ 1

① (1) can (2) cook (3) cannot (4) Can, cannot
② (1) can (2) may (3) may
③ (1) must get (2) have to walk (3) should see[watch]
④ (1) Will (2) Shall

解説

① (1) is と run は一緒には使えない。主語が何であっても can の形はかわらない。「ユキは速く走ることができます」

(2) can のあとは動詞の原形。主語が三人称単数でも動詞に -(e)s は付けない。「私の兄[弟]は上手に料理ができます」

(3) can の否定文は〈cannot ＋動詞の原形〉。「私はギターを弾くことができません」

(4) 主語 Sam が三人称単数で一般動詞の疑問文なので，Can を選ぶ。can の疑問文は**主語の前に can をおく**。答えにも can を使う。「サムは泳げますか」「いいえ，泳げません」

② (1) can には「〜してもよい」という意味もある。**You can't〜.** は「**あなたは〜してはいけません**」という意味になる。

(2) 「〜かもしれない」は may で表す。

(3) 「〜してもよい」は may で表す。

③ (1) 解答欄の数から，「〜しなければならない」を must で表す。must のあとの動詞は原形。

(2) 解答欄の数から，「〜しなければならない」を have to。have to のあとの動詞は原形。

(3) 「〜すべきだ」は should。映画館で見るなら see，テレビやビデオで見るなら watch。

④ (1) 「〜してくれませんか」と相手に依頼するときは Will[Can] you〜? と言う。

(2) 「(私たちが) 〜しましょうか」と誘うときは Shall we〜? と言う。Shall I〜? は「(私が) 〜しましょうか」と申し出る言い方。

ステップ 2

1 (1) ア (2) イ (3) ウ (4) ア
2 (1) Can[May], Sure[OK] (2) may be (3) Does, have to (4) should be
(5) had to (6) Can[May], sorry
3 (1) Shall we (2) Can[May] I (3) Will[Can, Would, Could] you
(4) Must[Should] I (5) Shall I
4 (1) must (2) Will[Can, Would, Could] you (3) must not
5 (1) Shall we eat lunch together (tomorrow?) (2) What should I say to Jim(?)
(3) Will you make a cake for me(?) (4) My brother may go out (soon.)
(5) Does Lisa have to go home (now?)
6 (1) I have to visit my uncle today. (2) Shall I help you?
(3) Can you come to my house[home]? (4) May I ask you a question?

解説

1 (1) must のあとは動詞の**原形**がくる。「ジムは日本語を勉強しなければなりません」

(2) ( ) のあとの to に注目する。have to で「〜しなければならない」だが，主語が三人称単数なので has to となる。「アヤはギターを練習しなければなりません」

(3) don't[doesn't] have to で「**〜する必要はない**」という意味。to のあとは動詞の原形がくる。「メアリーは新しいかばんを買う必要がありません」

(4) can の否定形は cannot[can't] で表す。主語の Sam が三人称単数で一般動詞の文なので isn't や don't は使わない。「サムはあま

り上手にサッカーをすることができません」

2 (1)「〜してもよい」は can または may で表す。
(2)「〜かもしれない」は may で表す。助動詞のあとの動詞は**原形**なので,「(…に)いる」は be 動詞の原形 **be** を入れる。
(3)「〜しなければなりませんか」は〈Do[Does]＋主語＋ have to 〜?〉。Bob は三人称単数なので Does を使う。
(4)「〜すべきだ」は should で表す。助動詞のあとの動詞は**原形**なので,be 動詞の原形 **be** を入れる。
(5) must には過去形がないので,「**〜しなければならなかった**」は have to の過去形 had to で表す。
(6)「〜してもいいですか」は Can[May] I 〜?

3 (1)答えに let's があるので,相手を誘っていると考える。疑問文の形で相手を誘う表現に。
A: 明日動物園に行きませんか。
B: はい,行きましょう。
(2)答えの文から,Can[May] I 〜? でたずねたと考える。
A: 今お話してもいいですか。
B: すみませんが,私は忙しいです。
(3)疑問文の形で相手に依頼をする文にする。
A: 私の写真を撮ってくれませんか。
B: わかりました。
(4)「必要がない」と答えているので,「〜しなければならないか」をたずねる。
A: バスに乗らなければなりませんか。
B: いいえ,その必要はありません。そこまで歩けます。

(5)「はい,お願いします」と答えているので,「〜しましょうか」とたずねる。
A: 私が昼食を作りましょうか。
B: はい,お願いします。私はとてもおなかがすいています。

4 (1)「〜しなさい」→「〜しなければなりません」「早く帰宅しなさい」「あなたは早く帰宅しなければなりません」
(2)「〜してください」→「**〜してくれませんか[〜していただけませんか]**」「あなたの学校について私たちに話してくれませんか」
(3)「この部屋では食べたり飲んだりしてはいけません」「禁止」は must not。

5 (1)「(私たちが)〜しましょうか」は Shall we 〜? で表す。are が不要。
(2)「**〜すべきである**」は should を使う。say 〜 to Jim「ジムに〜と言う」の〜の部分をたずねる文。have が不要。
(3)「**〜してくれませんか**」は Will you 〜? で表す。may が不要。「〜(人)に…(もの)を作る」は make … for 〜 の形になる。
(4)「**〜かもしれない**」は may を使う。should が不要。
(5) Lisa は三人称単数なので,「〜しなければならないか」は〈Does ＋主語＋ have to 〜?〉。has が不要。

6 (1)「〜しなければならない」は have to。
(2)「(私が)〜しましょうか」は Shall I 〜?
(3)「〜してくれませんか」は,Can you 〜?
(4)「〜してもいいですか」は May I 〜?
〈ask ＋(人)＋(もの)〉の語順。

入試につながる

・助動詞のあとの動詞は必ず原形であることに注意しよう。
・複数の意味を持つ助動詞は,文脈から適切な意味を判断できるようにしよう。

↑ パワーアップ

□ Mike **can** speak Japanese well. （マイクは日本語を上手に話せます）
□ You **may** use my racket. （私のラケットを使ってもいいですよ）
□ **Must** I stay home today? （今日は家にいなければなりませんか。）
　—— No, you **don't have to**. ——いいえ,その必要はありません）
□ **Will** you open the door? （ドアを開けてくれませんか）
□ **Shall** I carry your bag? （かばんをお持ちしましょうか）

ステップ1	
①	(1) watch (2) to be (3) to read
②	(1)祖父に会うために (2)自転車を手に入れて (3)母親を手伝うために
③	(1) cooking (2) watching (3) is (4) snowing (5) singing
④	(1) to buy (2) studying (3) playing (4) swimming

解説

① (1) like to 〜で「〜するのが好きだ」。to のあとの動詞は**原形**になる。「ジョンはテレビを見るのが好きです」
(2)〈want to ＋動詞の原形〉で「〜したい」。to be を選ぶ。be は「〜になる」。「私の兄[弟]はサッカー選手になりたがっています」
(3) something to 〜で「〜するための何か」。to のあとは動詞の原形になる。読むための何か＝読むもの。「私は読むものを持っています」

② (1) to see her grandfather は「秋田へ行った」という**目的**「〜するために」を表す。
(2) to get a bike は「うれしかった」という**理由**「〜して」を表す。
(3) to help her mother は「早く帰宅した」という**目的**「〜するために」を表す。

③ (1)(2)(5)**動名詞**が finish, enjoy, like の目的語に。
(1)「私は夕食を作り終えました」
(2)「あなた(たち)は試合を見ることを楽しむでしょう」
(5)「メグは歌を歌うことが好きです」
(3)動名詞が主語のときは**三人称単数扱い**。「マンガの本を読むことは楽しいです」
(4) start 〜ing で「〜し始める」。「雪が降り始めました」

④ (1) want は目的語に**不定詞**をとる。「私は新しいラケットを買いたいです」
(2)(3)(4) finish, enjoy, practice は目的語に動名詞をとる。「私は昼食前に数学を勉強するのを終えなければなりません」
(3)「ケンはテレビゲームをすることを楽しみました」
(4)「ユキは毎週日曜日に泳ぐことを練習します」

ステップ2	
1	(1)ア (2)イ (3)イ (4)ウ (5)ウ
2	(1) to go (2) washing (3) to get (4) playing
3	(1) to listen (2) cold to drink (3) to buy[get] (4) to watch
4	(1) for helping (2) To play (3) nothing to do
5	(1) teaching math (2) to play (3) to read
6	(1) I want to sec you (again.) (2) Judy is good at speaking Japanese(.)
	(3) (Please) give me something hot to drink(.) (4) How about running in the park(?)
	(5) Did you finish reading the book(?)
7	(1) There are a lot of places to see in our city.
	(2) Lisa went to the park to see the flowers.
	(3) What country[countries] do you want to visit?
	(4) My dream is to live[living] in Australia.

解説

1 (1)不定詞〈to ＋動詞の原形〉で「〜するために」という**目的**を表す。「ジョンは数学を勉強するために図書館へ行きました」
(2)**動名詞**が主語のときは**三人称単数扱い**。「動物を見ることはおもしろいです」
(3) practice は目的語に**動名詞**をとる。「あなたは毎日歌うことを練習していますか」
(4)「なぜ〜」に不定詞を用いて，「〜するためです」と**目的**を答える。「なぜあなたは神戸

に行ったのですか」-「おばに会うためです」

(5)不定詞を使い「食べるための何か」に。「私に何か食べるものをください」

2 (1) decide は目的語に不定詞をとる。「私の姉[妹]はシンガポールに行くことを決めました」

(2)(4) finish, enjoy は目的語に動名詞をとる。

(2)「私の父は彼の車を洗い終えました」

(3) It's time to ～ . で「～する時間だ」。「起きる時間です」

(4)「ユカとテニスをすることを楽しみましたか」

3 (1)解答欄の数から「～するのが大好きだ」を love to ～の形で表す。「ジュディは音楽を聞くのが大好きです」

(2)〈something ＋形容詞＋不定詞〉の語順。「マイクは冷たい飲み物をほしがっています」

(3)「～するために」は不定詞で表せる。「サムはノートを買うために店に行きました」

(4)「～して」という**感情の原因・理由は不定詞で表せる**。「私たちはテレビを見て驚きました」

4 (1)「～してくれてありがとう」は Thank you for ～ ing. で表す。

(2)解答欄の数から主語「弾くこと」を〈to ＋動詞の原形〉で表す。

(3)不定詞が代名詞 nothing を後ろから修飾する形。have nothing to ～で「～することが何もない」。

5 (1)「兄は数学の教師です」→「兄の仕事は数学を**教えること**です」

(2)「～するのが好きだ」は like ～ ing でも like to ～でも表せる。「ビルはバスケットボールをするのが好きです」

(3)「アヤは手紙を読んで，うれしくなりました」→「アヤは手紙を読んでうれしかったです」**理由**「～して」は〈to ＋動詞の原形〉。

6 (1)「～したい」は want to ～。「会いたい」は want to see となり，seeing が不要。

(2)「～が上手だ」は be good at ～。**前置詞のあとは動名詞**をおく。to speak が不要。

(3)〈something ＋ 形容詞 ＋ 不定詞〉の語順。drinking が不要。

(4) How about ～? で「～はどうですか」を表す。前置詞 about のあとは動名詞がくる。to run が不要。

(5) finish は目的語に動名詞をとる。to read が不要。

7 (1)「たくさんの見るべき場所」と考え，不定詞 to see が直前の名詞 a lot of places を修飾する文とする。「(複数の名詞)がある」は There are ～ . で表せる。

(2)「見るために」は to see で表す。

(3)「どの国」what country を文のはじめに置く。複数の答えが予想できる場合は countries としてもよい。「～したい」は want to ～ で表せる。

(4)「暮らすこと」は to live または living で表す。

入試につながる

・不定詞の3つの用法の意味を確認しよう。

・目的語に不定詞しかとらない動詞，動名詞しかとらない動詞をしっかり覚えよう。

↑パワーアップ

□ I want **to play** baseball with my friends. (私は友だちと野球をしたいです)

□ Ann wants something hot **to drink**. (アンは何か温かい飲み物をほしがっています)

□ Tom went to the U.S. **to see** his uncle. (トムはおじさんに会うためにアメリカに行きました)

□ I'm glad **to read** the letter. (私はその手紙を読んでうれしいです)

□ Did you enjoy **swimming** in the sea yesterday? (あなたは昨日は海で泳いで楽しかったですか)

ステップ 1	
①	(1) in　(2) at　(3) near　(4) in
②	(1) from　(2) by　(3) in
③	(1) or　(2) and　(3) but
④	(1) when　(2) if　(3) that　(4) because

解説

① (1)「〜月に」は in で表す。「11月に文化祭があります」

(2)「〜時に」は at で表す。「ジュディはふつう5時に帰宅します」

(3)「ジムの家は駅の近くにあります」とする。「〜の近くに」は near で表す。between は「〜の間に」，to は「〜へ」。

(4)「私はかばんの中にノートを数冊持っています」とする。「〜の中に」は in で表す。

② (1)「加藤さん[先生]は宮城の出身です」とする。出身は from で表す。

(2)「タカシは自転車で学校に行きます」とする。「自転車で」は by bike。

(3)「マイクは日本語で手紙を書くことができ

ます」とする。「〜語で」は〈in ＋言語名〉。

③ (1)「あれは学校ですか，それとも病院ですか」「〜それとも…」は or で表す。

(2)「ケイコとサオリはテニスのファンです」「〜と…」は and で表す。

(3)「私は速く走れますが，速く泳ぐことはできません」「〜だが…」は but で表す。

④ (1)「ビルは子どもだったとき，イヌを飼っていました」

(2)「あなたがひまなら手伝ってください」

(3)「リサが中国語を勉強していることを私は知っています」

(4)「サッカーはわくわくするので，兄[弟]はそれが好きです」

ステップ 2	
1	(1) ウ　(2) イ　(3) ア　(4) ア
2	(1) Because　(2) for
3	(1) 私が起きたとき　(2) リサは動物が好きなので　(3) ジョンはサッカーが好きではないと
4	(1) between, and　(2) before　(3) If, with　(4) to, in
5	(1) by　(2) without　(3) so
6	(1) (Jim) didn't eat lunch because he had a stomachache(.)
	(2) Ann will be back by three o'clock(.)
	(3) Aki knows that you don't read comic books(.)
	(4) Can you come to my house on (August 1?)
7	(1) If it is[it's] sunny tomorrow, I will go to the park.
	[I will go to the park if it is[it's] sunny tomorrow.]
	(2) My brother likes baseball, but he does not[doesn't] play it.
	(3) Do you think that English is interesting?
	(4) What were they talking about then?

解説

1 (1)「マサミは昨日の午後，2時間勉強しました」「〜時間（の間）」は for。

(2)「〜に住んでいる」は live in 〜。「佐々

木さん[先生]は静岡に住んでいます」

(3)「この通りを行って，最初の信号を左に曲がりなさい」along は「〜に沿って」という意味。

(4)「エミが来たら，この写真を見せましょう」when 〜では未来のことでも**現在形**で表す。

2 (1) why（なぜ）で聞かれていることと，解答欄のあとに〈主語＋動詞〉が続いているので，理由を答える。because（〜なので）で文を始める。
A: あなたはなぜ大阪に行ったのですか。
B: おじに会いたかったからです。
(2) B は「Tシャツを探しています」と答える。「〜を探す」は look for 〜。
A: いらっしゃいませ[お手伝いしましょうか]。
B: はい，お願いします。私はTシャツを探しています。

3 (1)あとに〈主語＋動詞〉が続いているので，この when は「〜のとき」を表す**接続詞**。
(2) because のあとは理由を表すので，「〜なので」とする。
(3) I don't think (that) 〜. は「〜とは思わない」ではなく，「〜ではないと思う」とすると自然なことが多い。

4 (1)「〜と…の間に」は between 〜 and …。
(2)「〜の前に」は before で表す。
(3)「もし〜なら」は if，「〜と一緒に」は with。
(4)「〜に話しかける」は talk to 〜，「〜語で」は〈in ＋言語名〉で表す。

5 (1)「バスに乗った」→「バスで行った」手段を表す「〜で」は by を使う。
{ユキは名古屋へのバスに乗りました。
ユキはバスで名古屋に行きました。
(2)「学校に行くとき，かさを持っていかなか

った」→「かさを**持たずに**学校に行った」「〜なしで」は without を使う。
{メアリーは学校に行くときかさを持っていきませんでした。
メアリーはかさを持たずに学校に行きました。
(3)「忙しかったので，行かなかった」→「忙しかった，**だから**行かなかった」「だから」と**結果**を言うので so を入れる。
{リサは忙しかったので，パーティーに行きませんでした。
リサは忙しかった，だからパーティーに行きませんでした。

6 (1)「〜なので」は because を使って表す。「（病気）にかかる」は have を使って，have a stomachache「おなかが痛い」のように表す。but が不要。
(2)「〜までには」と期限を表すのは by。until「〜まで（ずっと）」が不要。
(3) know のあとに〈that＋主語＋動詞〉を続ける。「あなたが〜を読まないこと」は that you don't read 〜とする。doesn't が不要。
(4)「〜に来る」は come to 〜 とする。日付は on で表す。for が不要。

7 (1)「〜なら」と条件を表す if 〜 の中の動詞は，未来のことでも**現在形**にする。「明日晴れたら」は if it is[it's] sunny tomorrow。
(2)「〜だが…」は but で結ぶ。
(3)「〜だと思いますか」は Do you think **that** 〜?
(4)「〜していた」は過去進行形で表す。「〜について話す」は talk about 〜。

入試につながる
・「時」「場所」を表す場合の at，on，in の使い分けには，特に注意しよう。
・語句どうし，文どうしをつなぐ接続詞の意味をしっかり覚え，正しく使い分けよう。

↑ パワーアップ
□ Sam was looking **for** his friend **at** the station. （サムは駅で友だちを探していました）
□ Is this camera yours **or** your sister's? （このカメラはあなたですか，それともお姉さん[妹さん]のですか）
□ I know **that** Lisa goes **to** school **by** bus. （リサがバスで学校に行くのを私は知っています）
□ We cannot see the sunrise **because** it is cloudy. （くもっているので私たちは日の出を見ることができません）

第8日 比 較

ステップ1

① (1) younger (2) easier (3) bigger (4) more beautiful
② (1) largest (2) most (3) of
③ (1) as (2) fast (3) popular (4) as
④ (1) better (2) best (3) Which (4) Who (5) What

解説

① (1) young は -er を付ける。「メアリーは私の姉[妹]より若いです」
(2) easy は y を i にかえて -er を付ける。「この問題はあの問題より簡単です」
(3) big は g を重ねて -er を付ける。「あなたのネコは私のより大きいです」
(4) 比較的つづりの長い形容詞・副詞の比較級は, 原級の前に more をおく。「この写真はあの写真よりも美しいです」

② ( )の前に the, あとに of[in] … があるので最上級にする。
(1) large の最上級は -st を付けた形。「このかばんはすべての中でいちばん大きいです」
(2) famous の最上級は前に most をおく。「ジョンはこの国で最も有名な歌手です」
(3) あとに the four (4人)と複数を表す語句があるので,「～(の中)で」を of で表す。

「ジュディは4人の中でいちばん背が高い」

③ いずれも( )の前に as があるので〈as ＋ 原級＋ as …〉の形にする。
(1)「エミのイヌはナオコのイヌと同じくらい小さい」
(2)「私はあなたと同じくらい速く泳げます」
(3)「ジムはケンと同じくらい人気があります」
(4)「このバッグは私のバッグほど小さくはない」

④ (1)「…より～のほうが好き」は like ～ better than …。「ジョンは夏よりも冬が好きです」
(2)「～がいちばん好き」は like ～ the best。「アキはすべてのスポーツの中でテニスがいちばん好きです」
(3)「もの」を比べるなら which。「イギリスと日本ではどちらが大きいですか」
(4)「人」を比べて「どちらが～」は who。「トムとケンタではどちらが背が高いですか」
(5)「日本で最も人気のある歌は何ですか」

ステップ2

1 (1) ウ (2) イ (3) ウ
2 (1) busiest (2) more delicious (3) harder (4) most useful
3 (1) Which, better (2) Are, younger (3) Who, or
4 (1) as fast as (2) much colder, than (3) most difficult, of
5 (1) longer than (2) smaller than
6 (1) My brother can sing as well as Mike(.)
(2) Ken studies the hardest of all the students(.)
(3) Your idea sounds better than Tom's(.)
(4) Haruka likes oranges better than bananas(.)
7 (1) (Tom's cat) is bigger than (Meg's.)
(2) (My brother's dictionary) is older than (mine.)
(3) (Hiroki) is the tallest of the (three.)
8 (1) I am[I'm] as old as your sister.
(2) You must be more careful when you are in the river.
　　[When you are in the river, you must be more careful.]
(3) I like tennis better than soccer. (4) Is this the largest park in Japan?

解説

1 (1)あとに複数を表す語句(those boys)があるので,「～の中で」は of。「ジムはそれらの少年の中でいちばん親切です」

(2)「どちら(のもの)がより～ですか」という文にするので,Which で始める。「秋田と岩手はどちらが大きいですか」

(3)popular の最上級は前に most をおく。「ジュディ・ブラウンはあの国で最も人気のある歌手です」

2 (1)前の the とあとの in より最上級に。「ホワイトさんはこの店で最も忙しいです」

(2)あとの than より,比較級にする。delicious の比較級は前に more をおく。「ビルのカレーは私のよりもとてもおいしいです」

(3)あとの than より,比較級 harder にする。「メグはアンよりも熱心にピアノを練習します」

(4)前の the とあとの of より,最上級にする。useful の最上級は前に most をおく。「この本は私のすべての本の中で最も役立ちます」

3 (1)「～は A と B では,どちらのほうが好きですか」は Which do[does] ～ like better, A or B? で表す。

A: 夏と冬では,どちらのほうが好きですか。
B: 夏のほうが好きです。

(2)B は 13 歳でジョンは 15 歳。

A: あなたはジョンより若いですか。
B: はい,そうです。私は 13 歳で,彼は 15 歳です。

(3)「～と…では」と人を比べるときは,ふつう who を使う。

A: あなたとあなたのお兄さん[弟さん]では,どちらが早く起きますか。
B: 兄[弟]です。

4 (1)「…ほど～ない」は not as ～ as … で表す。

(2)「ずっと～」と比較級を強調するときは much を使う。much colder とする。

(3)「(複数のもの)の中で」には of を使う。difficult の最上級は前に most をおく。

5 (1)「この鉛筆はあの鉛筆より短い」→「あの鉛筆はこの鉛筆より長い」

(2)「私のイヌはあなたのイヌほど小さくない」→「あなたのイヌは私のイヌより小さい」

6 (1)「同じくらい上手に」は as well as。best が不要。

(2)「全生徒の中で」は of all the students。in が不要。

(3)good の比較級は better。Tom's = Tom's idea。good が不要。

(4)「～よりも…が好き」は like … better than ～。as が不要。

7 (1)「トムのネコはメグのネコよりも大きい」

(2)「私の兄の辞書は私の辞書よりも古い」

(3)「ヒロキは 3 人の中でいちばん背が高い」「～人の中で」は〈of the ＋数〉の形をとる。

8 (1)「同い年」は as old as で表す。

(2)「注意しなければならない」は must be careful。「～するとき」は〈when ＋主語＋動詞〉で表す。

(3)「…より～のほうが好き」は like ～ better than … で表す。

(4)「最も大きな公園」は the largest park で表す。

入試につながる

・-er, -est の付け方や最上級の文での of と in の使い分けに注意しよう。
・「…と同じくらい～」や,better, best の使い方を覚えておこう。

↑ パワーアップ

☐ Your bag is newer than mine. (あなたのかばんは私のより新しいです)

☐ This is the most beautiful park in our city. (これは私たちの市でいちばん美しい公園です)

☐ I'm as tall as my brother. (私は兄[弟]と同じくらいの身長です)

☐ Which is more interesting, this book or that one? (この本とあの本では,どちらがよりおもしろいですか)

☐ I like tennis the best of all sports. (私はすべてのスポーツの中でテニスがいちばん好きです)

本冊 p.36〜39

ステップ**1**

① (1) is liked　(2) was opened　(3) were changed
② (1) Is, liked　(2) is not liked　(3) Was, opened　(4) was not opened
③ (1)(The desk) is used by Miki(.)　(2)(The movie) was enjoyed by the children(.)
　 (3)(Was) this school built by Mr. Kubo(?)
④ (1) be invited　(2) be seen　(3) be closed

解説

① (1) like の過去分詞は liked。「この歌は日本で好かれています」
　(2) open の過去分詞は opened。「そのときドアは開かれていました」
　(3) change の過去分詞は changed。「いくつかの計画がこの前の月曜日に変えられました」
② (1) 主語 this song が三人称単数で, 現在の文なので, be 動詞は is。like の過去分詞は liked。
　(2) 否定文なので, be 動詞 is と過去分詞 liked の間に not を入れる。
　(3) 主語 the door が三人称単数で, 過去の文なので, be 動詞は was。open の過去分詞は opened。
　(4) 否定文なので, be 動詞 was と過去分詞 opened の間に not を入れる。
③ 「〜によって」は by 〜で表す。
　(1)「使われている」は is used,「ミキによって」は by Miki になる。
　(2)「楽しまれた」は was enjoyed,「子供たちによって」は by the children になる。
　(3)「建てられた」は was built。「久保さんによって」は by Mr. Kubo。
④ (1) invite「〜を招待する」の過去分詞は invited。
　(2) see「〜を見る」の過去分詞は seen。
　(3) close「〜を閉じる」の過去分詞は closed。

ステップ**2**

1 (1)イ　(2)イ　(3)ウ　(4)ア
2 (1) played　(2) decided　(3) invited　(4) helped
3 (1)(The bus) was washed yesterday(.)
　 (2)(The new school) will be built next year(.)
　 (3)(This temple) is visited by many tourists(.)
　 (4)(The book) was translated by Mr. Mori(.)
4 (1) was taken　(2) be seen　(3) are borrowed
5 (1) is used by　(2) was enjoyed by　(3) will be loved by
6 (1)(Our house) was built five years ago(.)
　 (2)(I think) these dogs must be preserved(.)
　 (3)(All the windows) were opened after breakfast(.)
　 (4) When will dinner be cooked(?)
7 (1) The story is known in Japan.　(2) These pictures were taken by Ms. Aoki.
　 (3) The mountain can be seen from his house[home].
　 (4) His car was not[wasn't] used yesterday.

解説

1 (1)「その図書館は 1990 年に建てられました」
　(2)「コンピュータは世界中で使われています」
　(3)「その祭りは来月行われます」
　(4)「その神社は多くの人々によって訪ねられています」

2 (1) play の過去分詞は played。「野球の試合がスタジアムで行われています」

(2) decide の過去分詞は decided。「これらの規則は生徒たちによって決められました」

(3) invite の過去分詞は invited。「多くの子供たちがそのコンサートに招待されています」

(4) help の過去分詞は helped。「アンはそのとき彼女のクラスメートに助けられました」

3 (1) **過去の文**にするので，is → was。「そのバスは洗われます」→「そのバスは昨日洗われました」

(2) **未来の文**にするので，〈will + be +過去分詞〉の形にする。「新しい学校が建てられます」→「新しい学校が来年建てられます」

(3) this temple は三人称単数なので，is visited。「多くの旅行者たちがこの寺を訪ねます」→「この寺は多くの旅行者たちによって訪ねられます」

(4) the book は三人称単数なので，was translated。「森さんがその本を翻訳しました」→「その本は森さんに翻訳されました」

4 (1)「(写真)を撮る」は take。過去分詞は **taken**。過去の文で，this picture が三人称単数なので，was を使う。

(2)「見られることができる」と考えて，can の受け身〈can + be +過去分詞〉にする。see の過去分詞は **seen**。

(3)「〜を借りる」は borrow。過去分詞は borrowed。現在の文で，many books が複数なので，are を使う。

5 (1) use の過去分詞は used。this chair が三人称単数で現在の文なので，is used。「ケンタは彼の部屋でこのいすを使います」→「このいすはケンタによって彼の部屋で使われます」

(2) enjoy の過去分詞は enjoyed。the soccer game が三人称単数で過去の文なので，was enjoyed。「生徒たちはサッカーの試合を楽しみました」→「サッカーの試合は生徒たちによって楽しまれました」

(3) love の過去分詞は loved。〈will + be + 過去分詞〉にする。「多くの人々がその歌手を愛するでしょう」→「その歌手は多くの人々に愛されるでしょう」

6 (1) 過去の文なので was built とする。「5年前」は five years ago。is が不要。

(2)「〜されなければならない」は〈must + be +過去分詞〉で表す。will が不要。

(3) 主語が複数なので，were opened とする。「朝食後」は after breakfast。was が不要。

(4)「いつ〜」は When 〜? の文。〈will + be +過去分詞〉にする。where が不要。

7 (1)「知られている」は know「〜を知っている」の過去分詞 **known** を使う。主語が the story で現在の文なので，is known とする。

(2)「撮られた」は take「(写真)を撮る」の過去分詞 **taken** を使う。主語が these pictures で過去の文なので，were taken とする。「〜に(よって)」は by 〜で表す。

(3)「見られる」は，ここでは can を使うので〈can + be +過去分詞〉となり，see「〜を見る」の過去分詞 **seen** を使う。「〜から」は from で表す。

(4)「使われませんでした」は過去の受け身の否定文で表す。

入試につながる

・規則変化する動詞の過去分詞の作り方や，不規則変化する動詞の過去分詞を覚えておこう。

・助動詞のある受け身の形〈助動詞 + be +過去分詞〉を覚えておこう。

↑ パワーアップ

□ Mr. White **is liked by** the students.　　　（ホワイト先生は生徒たちによって好かれています）

□ **Was** the school **built** thirty years ago?　　　（その学校は30年前に建てられましたか）

□ These rooms **are not used** now.　　　（今はこれらの部屋は使われていません）

□ Her concert **will be held** next Sunday.　　　（彼女のコンサートが次の日曜日に行われるでしょう）

ステップ 1

① (1)エ　(2)イ

② (1)山に登ること　(2)ウ

③ (1) your mother　(2)① saw[found]　② shrine　③ young

④ (1)トムの家族が全員ロック(音楽)が大好きだということ。　(2)イ

⑤ (1)イ　(2)ア　(3)イ　(4)ウ　(5)ウ

⑥ (1)May[Can] I,　moment[minute]　(2)out,　call

⑦ (1)ア　(2)ウ　(3)イ

⑧ (1) Would　(2) Why

解説

① (1)「リサのホストファミリーは(　　)ことを望んでいます」リサを元気づけようと温泉に連れていったので,エ「彼女が日本での滞在を楽しむ」が適切。

ア「彼女が日本語を上手に話すことができる」イ「彼女がオーストラリアに戻る」ウ「彼女が温泉を訪れる」

(2)リサは草津に行ったことをきっかけに,日本での滞在を楽しむようになったので,イが適切。

全訳　リサはオーストラリア出身の生徒だ。森さんの家に滞在している。2か月前に日本に来た。初めは日本語が上手に話せなかった。悲しかった。

ある日,森さんが「草津に行こう」と言った。翌日リサとホストファミリーは草津へ行き,温泉を楽しんだ。リサは温泉がとても気に入った。森夫人は「リサ,あなたは笑っているわ。私はとてもうれしいわ」と言った。そのときリサはホストファミリーが彼女のことを心配していることがわかった。彼女はほほえんで,「私はとても幸せです。たくさんの新しいことをやってみます」と言った。今,彼女は日本での滞在を楽しんでいる。

② (1)前の文参照。

(2)本文6行目参照。ケンの妹の問いに,Yes. と答えている。

ア　加藤さんがケンの家族に会いに来た。イ,エのような記述はない。

全訳　加藤さんは父の友人の1人だ。彼は18歳のとき,視力を失った。この前の日曜日に彼は私たちを訪ねてきて,山について話した。彼は「ぼくは山に登るのが好きなんだ」と言った。そのとき妹が彼に「あなたは,山の頂上に着いてもながめを楽しむことができません。なぜ山に登るのですか。それはあな

たにとって難しいのですか」とたずねた。彼は「ああ。それは難しいけれど,ぼくは山にいると幸せに感じるんだよ。そこでは空気がちがうんだ」と言った。「空気はおいしいですか」と妹はたずねた。「ああ。とてもおいしいよ」と彼は答えた。私が「ぼくも山に登りたいです」と言うと,彼はうれしそうだった。私たちは彼とたくさん話をして楽しんだ。

③ (1)前文を受けて「彼女はあなたのお母さんですか」と聞き返している。

(2)「エミはアンの家に行ったとき,壁にあるたくさんの写真を(　①　)。アンの母親は,(　③　)とき,奈良の(　②　)を訪れた」

①本文2〜3行目,②6〜7,10行目,③9〜10行目がヒントとなる。

全訳　アン：私たちの家へようこそ。どうぞ入って。

エミ：ありがとう。壁に写真がたくさんあるわね。

アン：私たちは写真が好きなの。それらのほとんどは私の家族の写真よ。

エミ：この写真の少女はだれなの。後ろに神社が見えるわね。

アン：彼女は私の母よ。

エミ：彼女が？彼女はとても若く見えるわ。

アン：それは古い写真なの。母は20年ほど前に奈良に行ったの。そのとき母の友だちがその写真を撮ったのよ。

④ (1)直前のトムの発言(赤字部分)参照。

(2)ユキは明日忙しくはないが,コンサートに行かないつもりである。ア「私はそのチケットを買いました」チケットは買ったのではなくもらった。ウ「父は忙しいです」,エ「私はあなたのお兄さん[弟さん]と一緒にコンサートに行きたいです」のような記述はない。イ「ロック音楽はあまり好きではありません」が適切。

全訳

ユキ：こんにちは，トム。明日の午後はひまかしら。

トム：うん。でもどうして？

ユキ：父が私にロックコンサートのチケットを2枚くれたの。あなたはロック音楽に興味があるのよね。

トム：うん，あるよ。ぼくの家族はみなそれが大好きなんだ。

ユキ：本当？ それなら，あなたにこの2枚のチケットをあげるわ。

トム：きみはぼくと一緒に行けないんだね？明日は忙しいの？

ユキ：いいえ。私はロック音楽はあまり好きではないの。

⑤ (1)話しかけるときは Excuse me. と言う。**ア**「ごめんなさい」**ウ**「ようこそ」

A: すみません。郵便局はどこですか。

B: レストランの前です。

(2)「道を教える」ときの「教える」は tell。**イ**「(学科などを)教える」**ウ**「とる」

A: 市立公園への道を教えていただけますか。

B: もちろんです。この通りに沿って進んで，花屋で右へ曲がってください。

(3)時間の長さは，How long 〜？でたずねる。**ア**「遠く」**ウ**「〜くらい(多く)」

A: どのくらいかかりますか。

B: 約10分です。

(4)「どういたしまして」は You're welcome. で表す。**ア**「親切な」**イ**「元気な」

(5)「どうしましたか」は What's wrong? で表す。**ア**「これ」**イ**「天気」

A: どうしましたか。

B: かぜをひいています。

⑥ (1)「〜をお願いします」は May[Can] I speak[talk] to 〜？と言う。

A: こんにちは。ジュディです。ケンをお願いします。

B: もちろんです。少々お待ちください。

(2)「あとでかけ直します」は I'll call back later. と言う。

B: ごめんなさい。彼はあいにく留守です。

A: わかりました。あとでかけ直します。

⑦ (1)「いらっしゃいませ[お手伝いしましょうか]」は May I help you? で表す。**イ**「とる」，**ウ**「持っている」

A: いらっしゃいませ[お手伝いしましょうか]。

B: はい。私はかばんを探しています。

(2)「〜をいただきます」には take を使う。**ア**「〜が好きだ」，**イ**「〜がほしい」

A: このTシャツはいかがですか。

B: いいですね。それをいただきます。

(3)「いくらですか」は How much 〜？を使う。**ア**「たくさんの」，**ウ**「〜歳の」

A: この帽子はいくらですか。

B: 1,000円です。

⑧ (1)「〜はいかがですか」と飲み物などを丁寧にすすめるときは，Would you like 〜？と言う。

(2)「〜しませんか」と相手を誘うときは，Why don't we 〜？と言う。

ステップ2

1 (1)イ　(2)イ　(3)ウ　(4)ウ

2 (1)How long　(2)welcome　(3)tell, way

3 (1)Excuse me　(2)call　(3)How about

4 (1)How much is this camera?　(2)Why don't we go shopping tomorrow?

5 (1)ケンタには心の中にヒーローがいる(が，自分にはいない)こと。　(2)ア

6 (1)エ　(2)① park　② cold　③ sick[ill] または staying

解説

1 (1)May I help you? で「いらっしゃいませ[お手伝いしましょうか]」という意味。

A: いらっしゃいませ[お手伝いしましょうか]。

B: はい，お願いします。私は野球帽を探しています。

(2)「〜と話す」は speak to 〜で表す。

A: メアリーをお願いします。

B: もちろんです。少しお待ちください。

(3)「〜はいかがですか」とすすめるときは Would you like 〜？と言う。

A: もう少しケーキはいかがですか。

B: いいえ，結構です。

(4) B は「腹痛があるんです」と答えているので，「どうしましたか」とする。

A: どうしましたか。

B: 腹痛があるんです。

2 (1)時間の長さは How long ～? でたずねる。take は「（時間などが）かかる」という意味。

A: ここから最寄りの駅まではどれくらいの時間がかかりますか。

B: 約5分です。

(2)「どういたしまして」は You're welcome.

A: どうもありがとうございます。

B: どういたしまして。

(3)「～への道を教えてくださいませんか」「（道）を教える」ときは teach ではなく，tell を使う。

A: 市立図書館への道を教えていただけませんか。

B: もちろんです。この通りに沿って進めば，左側に見えますよ。

3 (1)話しかけるときの「すみません」は Excuse me. と言う。

(2)「あとでかけ直します」は call back later。

(3)「～するのはどうですか」と提案するときは How about ～ing? で表す。

4 (1)「いくら(how much)/ですか/このカメラ」

(2)「～しませんか(why don't we)/買い物に行く/明日」

5 〈キーワード〉

one of ～＝～の1人

be on ～ team ＝～チームに所属している

having a dream＝夢を持つこと

(1)That は直前の文，He has a hero in his mind. の内容を指している。

(2)「コウジはケンタは（　　）と思っています」1～2行目の I think … our team. より

ア「チームでもっとも上手にサッカーをする」が適切。イ 「有名になりたい」，ウ 「その本を再び読むべきです」，エ 「将来ヒーローになるでしょう」，の記述なし。

全訳 ケンタは私の親友の1人だ。私たちは同じサッカーチームに所属している。私は，彼はチームの中で最も上手な選手だと思う。私は彼と同じくらいの身長だ。私は彼と同じくらい一生懸命に練習する。しかし，私は彼ほど上手にプレーできない。

　私は，ケンタと私には1つのちがいがあることに気づいた。

　昨日，サッカーの練習をしたあとで，彼は私に有名なサッカー選手に関する本を見せてくれた。彼は「彼はぼくのヒーローなんだ。ぼくはこの本を何度も何度も読んだよ。ぼくは彼のような上手な選手になりたいんだ」と言った。

　彼の心の中にはヒーローがいる。それがちがいだ。私は夢を持つことは大切だと思う。

6 〈キーワード〉

stay in bed ＝ベッドで寝ている

look well ＝元気そうに見える

(1)メアリーの最後の発言よりエが適切。ア 学校で会った。イ 一昨日は行った。ウ かさは持っていた。

(2)「メアリーが（ ① ）にいたとき，雨が降り始めた。彼女はコートを着ていなかったので，（ ② ）感じた。次の日，彼女は（ ③ ）で1日中寝ていた」

①本文4行目。②6行目。③1～2行目。she was <u>staying</u> in bed「彼女はベッドで寝ていました」も可。

全訳

アヤ　　　：昨日，学校に来てなかったわよね。病気だったの？

メアリー：そうなの。かぜをひいて，1日中ベッドで寝ていたのよ。

アヤ　　　：一昨日，学校で会ったときは，元気そうだったのに。

メアリー：私は放課後，公園に行ったの。そこを歩いていたら，雨が降り始めたのよ。

アヤ　　　：まあ，あなたはかさを持っていたの？

メアリー：ええ，持っていたわ。ええと，私はそのときコートを着ていなかったの。とても寒かったわ。

入試につながる

・代名詞が指す内容を答える問題は，直前の文に注目しよう。

・空所に適切な語を入れる問題では，問題文に合わせて名詞や動詞を変化させることに注意しよう。

1 (1)ウ (2)ア (3)ウ (4)イ (5)イ (6)ア (7)ウ
2 (1) best (2) playing (3) slowly
3 ① season ② breakfast ③ color
4 (1)ウ→ア→イ→エ (2)エ→ア→ウ→イ (3)エ→イ→ア→ウ (4)エ→ウ→イ→ア
5 ①(例)It rained yesterday, so I stayed home. ②(例)I finished reading this book.

解説

1 (1)「疲れている」という意味の語は tired。excited は「わくわくしている」，surprised は「驚いている」という意味。
(2)「(2つ[2人])の間に[で]」という意味の前置詞は between。「(3つ[3人])の間に[で]」という場合はふつう among を使う。
(3)〈There is[are] ～ + 場所を表す語句.〉で「(場所)に～がある」という意味を表す。be 動詞の形はあとに続く名詞によって決まる。ここでは many nice restaurants と複数形の名詞がきているので be 動詞は are が適切。
(4) yesterday「昨日」と過去のことを述べているので，動詞は過去形 received が適切。
(5)あとに than があるので，fast「速く」の比較級 faster が適切。
(6) must「～しなくてはならない」は助動詞。助動詞のあとの動詞は原形を用いるので do が適切。〈have[has] to + 動詞の原形〉もほぼ同じ意味を表す。
(7)文の主語は those textbooks で複数。主語が複数のときの be 動詞は are。

2 (1)あとに of all「すべての中で」とあるので最上級の形が入ると考えられる。food「食べ物」につながる意味として適切なのは good「おいしい」。最上級は best となる。
A: 沖縄そばはとてもおいしそうです。
B: これは沖縄のすべての中でいちばんおいしい食べ物だと思います。
(2)Bはスポーツが好きかという問いに Yes. で答えて，具体的にサッカーというスポーツ名を挙げている。soccer の前に補って意味が成り立つように play を動名詞 playing とすると「サッカーをすることが大好きだ」と

なって文意が成り立つ。
A: あなたはスポーツが好きですか。
B: はい。私は友人たちとサッカーをすることが大好きです！
(3)Bは話すのが速すぎると言われて OK. と答えている。この発言につながるように形容詞 slow を副詞 slowly として，slowly を比較級 more slowly「もっとゆっくり」とすると会話が成り立つ。
A: もう一度それを言ってくれますか。あなたは話すのが速すぎます。
B: わかりました。もっとゆっくり話すようにします。

3 例の weather は「天気」という意味で，具体的な天気の状態を表す語が cloudy「くもっている」，rainy「雨が降っている」，snowy「雪が降っている」，sunny「晴れている」と並んでいる。
(1)spring「春」，summer「夏」，fall「秋」，winter「冬」は season「季節」を表す語。
(2)meal は「食事」という意味。lunch「昼食」，dinner「夕食」のほかに具体的に食事の種類を表す語は breakfast「朝食」。
(3)blue「青」，brown「茶色」，purple「紫」，red「赤」，yellow「黄色」は color「色」を表す語。

4 (1)ギターを持っていないという A に対して，B は「私のを使っていいですよ」と言っている。( )内に bring「持ってくる」があることから，「あなたにそれを持ってきます」という内容の英文を考える。「(人)に～を持ってくる」は〈bring ～ to + 人〉の語順で表す。
A: 私はギターを練習したいです。でも私はギターを持っていません。

B: わかりました。私のを使っていいですよ。明日, あなたにそれを持ってきましょう。

(2)(　)内に have と to があり, 直前に don't があることから, don't have to ～「～する必要はない」を用いた文を考える。to のあとには動詞の原形が続くので, take it「それを持っていく」と続ける。

A: 私は今, 病院へ行く必要がありますが, 雨が降っています。私のかさはどこにありますか。

B: 心配いりません。あなたはそれを持っていく必要はありません。車であなたをそこまで連れていきますよ。

(3)(　)内に動詞の give と have があるが, to と something とのつながりを考えて something to give you とすると「あなたにあげるもの」となって意味が通る。have を文の動詞にして I have something to give you. という文を作る。to give は something を修飾する形容詞の働きをする不定詞。

A: 私はあなたにあげるものを持っています。さあどうぞ。

B: うわあ, ありがとう。それを開けてもいいですか。

A: もちろん。

(4)名詞 news があるので That の直後に置いて「その知らせ」とする。(　)内に動詞 made と happy があることから, make A B「A を B にする」の形を用いて That news made me happy.「その知らせは私をうれしくさせた」という文を作る。

A: あなたはトムが子どもを救ったことを聞きましたか。

B: はい。その知らせは私をうれしくさせました。

5 ①「昨日は, 雨が降っていた」という文と「(私は)家で過ごした」という文を, 理由を表す接続詞 because または so を用いて表す。「家で過ごした」は「家にいた」ということなので, I stayed (at) home, I was (at) home などと表せる。「雨が降っていた」は過去のことなので, 動詞 rain を使えば it rained, 形容詞 rainy を使えば it was rainy と表せる。because を用いる場合は because のあとに「昨日, 雨が降った」を, so を使う場合は so の前に「昨日, 雨が降った」を置く。

②「～し終える」は finish のあとに動名詞を続けて表す。「読み終えた」と過去のことを表すので finished と過去形にする。finished reading のあとに this book「この本」を置く。

入試につながる◀

・more, most をつけて比較級, 最上級にする形容詞・副詞は, 比較的つづりが長い語と覚えるほかに, 次のような見分け方も覚えておこう。

語尾が -ful, -ing, -ous, -ly などで終わる語→ beautiful, interesting, famous, slowly など

・「(人)に(もの)を～する」は, 〈動詞＋人＋もの〉または〈動詞＋もの＋ to[for] ＋人〉で表す。

(例)I gave Mike a book. ＝ I gave a book to Mike. (私はマイクに本をあげました)

※ to をとる動詞…give, show, tell, lend など　　for をとる動詞…buy, make など

※「もの」を表す語が代名詞の場合は〈動詞＋もの＋ to[for] ＋人〉で表す。

・make の重要な2つの意味は, 「～を作る」と「～を…にする[させる]」。

(例)I made him lunch. (私は彼に昼食を作ってあげました)　 him ≠ lunch の関係

The news made him sad. (その知らせは彼を悲しませました)　 him ＝ sad の関係

・目的語に不定詞をとる動詞と動名詞をとる動詞に注意。

不定詞をとる動詞…want, hope, decide など

動名詞をとる動詞…finish, enjoy, stop(やめる)など

両方をとる動詞…like, begin, start など

1　(1)ア　(2)イ
2　ア
3　(1)ウ　(2)a popular zoo　(3)ウ

解説

1 〈キーワード〉

2行目　Open(開いている[開館])
　　　　a.m.(午前)　p.m.(午後)
4行目　Closed(閉まっている[休館])
　　　　Holidays(祝祭日)
5行目　quiet(静かな)
6行目　in all(全部で)
7行目　for two weeks(2週間)

(1)質問は,「9月は何日図書館を使うことができますか」という意味。利用案内の4行目にある休館(Closed)から,第1,第3日曜日と祝祭日が休館であることをつかむ。9月のカレンダーから,第1,第3日曜日に当たるのが5日と19日,さらに20日と23日が祝祭日であることがわかるので,休館は全部で4日ある。

(2)質問は,「図書館について正しくないものはどれですか」という意味。

ア「10月は毎週火曜日に図書館を使うことができる」10月のカレンダーで,火曜日は祝祭日がないので正しい。

イ「月曜日は土曜日よりも長く図書館を使うことができる」利用案内の2,3行目に着目する。月曜日の開館時間(Open)は午前9時から午後6時まで,土曜日の開館時間は午前8時から午後5時までで,開館時間と閉館時間は異なるが,開いている時間の長さは同じなので正しくない。

ウ「一度に6冊の本を2週間借りることはできない」利用案内の最後の2行に着目する。最後の行に本を2週間借りることができることが書かれているが,最後から2行目に,「全部で5冊の本を借りることができる」とあるので6冊借りることはできない。したがって正しい。

エ「図書館では友達と大声で話してはいけない」利用案内の5行目に「図書館では静かにしてください」とあるので正しい。

全訳　市立図書館

開館：月曜日から金曜日　　　午前9時―午後6時
　　　土曜日と日曜日　　　　午前8時―午後5時
休館：第1・3日曜日と祝祭日

● 図書館では静かにしてください。
● 全部で5冊の本を借りることができます。
● 2週間本を借りることができます。

2 〈キーワード〉

1行目　〈look + 形容詞〉(〜のように見える)　You don't look good(あなたは具合がよさそうに見えない)は,相手のマイクの様子を表している。
2行目　sick(具合が悪い)
3行目　That's too bad.(それはお気の毒に。)
　　　　have a cold(かぜをひいている)
4行目　I will.は,直前で空所に入るアキコの発言内容を受けている。I will のあとに省略されている内容と同様の内容の文が空所に入る。

　具合が悪いと言うマイクに対して,アキコは「たぶん風邪をひいているのでしょう」と言って空所に入る発言を続けている。マイクはそれに対してお礼を言って,I will.(そうするよ。)と応じているので,空所にはマイクを気づかって何かを勧めたり提案したりしたと考えられる。具合が悪い相手に勧めることとして適切なのはア「もう家に帰るべきです」である。イは「私もかぜをひいています」,ウは「私たちはいっしょに楽しめます」,エは「あなたは病院に行ってはいけません」という意味で,いずれも不自然な会話になる。

全訳　アキコ：あなたは具合がよさそうに見えないわ,マイク。大丈夫?
　　　マイク：今日はとても具合が悪いんだ。

アキコ：それはお気の毒に。たぶんかぜをひいているのでしょう。もう家に帰るべきだわ。

マイク：ありがとう，アキコ。そうするよ。

3 〈キーワード〉

1行目　like ～ the most(～がいちばん好きだ)

2～3行目　〈There is[are] ～＋場所を表す語句.〉((場所)に～がいる[ある])

2行目　kind(s)(種類)

4行目　the　picture は右下のペンギンの絵を指す。

5行目　their faces の their は絵の中のペンギンを指す。

　　　　look like ～(～のように見える)

8～9行目　〈one of ＋名詞の複数形〉(～の中の1つ[1人])

11行目　they は前文の chinstrap penguins を指す。

15行目　it は前文の the black line を指す。

17行目　call A B(A を B と呼ぶ)

(1)この場合の kind は「種類」という意味の名詞。a kind of ～で「～の一種，一種の～」という意味を表す。many kinds of ～とすると「たくさんの種類の～」という意味になる。

(2)下線部の it は文の主語で，it が指すものは one of my favorite places(わたしがいちばん好きな場所の1つ)である。また，その理由として because 以下に I can meet my favorite penguin(私が大好きなペンギンに会うことができる)とあるので，ペンギンに会える場所であることがわかる。本文中でペンギンがいる場所として出てくるのは7行目の a popular zoo(人気の動物園)しかない。

(3)**ア**　ジュディのスピーチに出てくるペンギン名は順に chinstrap penguin(第2段落最終文)，*hige* penguin(第3段落第3文)，smile penguin(最終段落第5文)の3つ。chinstrap penguin はジュディがいちばん好きな，あごの下に黒い線があるペンギンの

英語名で，*hige* penguin は同じペンギンの日本語名。smile penguin は同じペンギンにジュディが自分でつけた名前なので，3つとも同じペンギンを指している。

イ　第3段落第3文から，ジュディは自分がいちばん好きな chinstrap penguin の日本語名が *hige* penguin であることを知ったことがわかる。そのあと，ジュディは *hige* penguin がどういう意味なのかをホストファミリーにたずね，日本語の *hige*(ひげ)が英語の beard(ひげ)のことであることを知る。ジュディがホストファミリーから教わったのはこのことで，ジュディが好きなペンギンに黒い線がある理由ではない。

ウ　第3段落からジュディが chinstrap penguin の日本語名が *hige* penguin であること，*hige* が英語の beard のことであることを知ったことがわかる。このことについて，同じ段落の最終文でジュディは I thought the difference of the names was interesting.(名前の違いは面白いと思った)と言っているので合っている。

エ　最終段落第2文で，ジュディは chinstrap penguin(＝ *hige* penguin)の絵を見せて What does it look like to you?(みなさんにはそれはどのように見えますか)とたずね，第4，5文で When I first saw these penguins, I thought they were smiling. So, I want to call them "smile penguin."(私が初めてこれらのペンギンを見たとき，それらは笑っているのだと思いました。だから私はそれらを「smile penguin(笑顔ペンギン)」と呼びたいです)と言っている。つまり，「笑顔ペンギン」とはジュディが自分で chinstrap penguin につけた名前なので，本文の内容に合わない。

全訳　みなさん，こんにちは。みなさんのいちばん好きな動物は何ですか。私はペンギンがいちばん好きです。ペンギンは鳥ですが飛ぶことができません。それらは水の中をじょうずに泳ぐことができます。世界には多くの種類のペンギンがいます。今日は，私がいちばん好きなペンギンについてお話します。

　絵を見てください。かわいいでしょう？　みなさんはそれらの名前を知っていますか。それらの顔を

見てください。これらのペンギンにはあごの下に黒い線があります。その線はひものように見えるので，英語では chinstrap penguin（あごひもペンギン）と呼ばれています。

先月，私はホストファミリーといっしょにある人気の動物園に行きました。私のいちばん好きなペンギンに会うことができるので，日本ではそれは私がいちばん好きな場所の1つです。私が chinstrap penguin を見ているとき，それらが日本語では hige penguin（ヒゲペンギン）と呼ばれていることを知りました。私は「hige とはどういう意味ですか」とたずねました。すると，私のホストファミリーは

「hige とは beard（ひげ）のことですよ。その黒い線がひげのように見えるんです」と答えました。私は，名前の違いは面白いと思いました。

さて，もう一度黒い線を見てください。みなさんにはどのように見えますか。私はその黒い線が口のように見えると思っています。私が初めてこれらのペンギンを見たとき，それらは笑っているのだと思いました。だから私はそれらを「smile penguin（笑顔ペンギン）」と呼びたいです。もしこれらのペンギンに名前をつけることができたら，みなさんはそれらをどう呼びますか。聞いてくださってありがとうございました。

〈読解ポイント　代名詞に注意して同じものを別の表現で表していることをつかむ〉

Hello, everyone. What is your favorite animal? I like penguins the most. Penguins are birds, but they can't fly. They can swim well in the water. There are many kinds of penguins in the world. Today, I will talk about my favorite penguin.

Please look at the picture. They are cute, right? Do you know their name? Look at their faces. These
＝絵の中のペンギン

penguins have a black line under their chins. The line looks like a strap, so they are called "chinstrap penguin"
英語で chinstrap penguin

in English.

Last month, I went to a popular zoo with my host family.

In Japan, it is one of my favorite places because I can meet my favorite
　　　＝

penguin. When I was watching chinstrap penguins, I learned they were

called "hige penguin" in Japanese. I asked, "What does hige mean?"
日本語で hige penguin

Then, my host family answered, "Hige means beard. The black line looks like a beard." I thought the difference of the names was interesting.

Now, look at the black line again. What does it look like to you? I think the black line looks like a mouth. When I first saw these penguins, I thought they were smiling. So, I want to call them "smile penguin." If you
「笑顔ペンギン」
＝ chinstrap penguin ＝ hige penguin

can name these penguins, what will you call them? Thank you for listening.

語順が大事！

英語は＜主語＋動詞＋α＞が基本！動詞のあとに続く語にも順序があるので注意！
語順を覚えて正しく文を作ろう！

		主語	動詞	+α	
				目的語	補語
主語(S)＋動詞(V) 主語と動詞のみで成り立つ文。	❶	Birds 鳥は	**fly.** 飛ぶ		
	❷	Animals 動物は	**sleep.** 眠る		
主語＋動詞＋補語(C) [S＝C] この語順のとき, 補語には 主語を説明する内容がくる。 [Tom＝a doctor, Mari＝young]	❸	Tom トムは	**is** である		a doctor. 医者
	❹	Mari マリは	**looks** 見える		young. 若く
主語＋動詞＋目的語(O) 動詞のあとには，「～を」や 「～に」といった動作の 対象(目的語)がくる。	❺	Yumi ユミは	**plays** する	tennis. テニスを	
	❻	I 私は	**called** 電話した	my mother. 私の母に	
主語＋動詞＋目的語(人) ＋目的語(もの) 目的語が2つある文。目的語は 〈(人)＋(もの)〉の順。	❼	My father 私の父は	**bought** 買った	me 私に	a bicycle. 自転車を
	❽	Jun ジュンは	**gave** あげた	his son 彼の息子に	a watch. 腕時計を
主語＋動詞＋目的語＋補語 [O＝C] この語順のとき, 補語には 目的語を説明する内容がくる。 [this dog＝Daisuke, me＝sad]	❾	We 私たちは	**call** 呼ぶ	this dog この犬を	Daisuke. ダイスケと
	❿	This movie この映画は	**made** した	me 私を	sad. 悲しく

日本語訳

❶ 鳥は飛びます。

❷ 動物は眠ります。

❸ トムは医者です。

❹ マリは若く見えます。

❺ ユミはテニスをします。

❻ 私は私の母に電話しました。

❼ 私の父は私に自転車を買ってくれました。

❽ ジュンは彼の息子に腕時計をあげました。

❾ 私たちはこの犬をダイスケと呼びます。

❿ この映画は私を悲しませました。

in
～（空間・時間）の中に

- in the room （部屋の中に）
- in 2025 （2025年に）

on
＜接触を表して＞
～（の上）に

- on the desk （机の上に）
- on the wall （壁に）

at
＜1点を表して＞
～に

- at the top （頂上に）
- at noon （正午に）

from
＜起点を表して＞
～から（離れて）

- from Osaka （大阪から）
- from nine to five （9時から5時まで）

for
～へ向かって

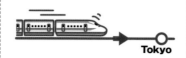

- for Tokyo （東京へ向かって）
- for you （あなたへ）

to
＜到達を表して＞
～へ，～まで

- to Tokyo （東京へ）
- from nine to five （9時から5時まで）

under
～の下に

- under the table （テーブルの下に）
- under water （水面下に）

over
＜おおうように＞
～の上に

- over the river （川の上に）
- all over the world （世界中に）

with
～と一緒に，～を持った

- with my friend （友達と一緒に）
- with blue eyes （青い目をした）

around
～のまわりに

- around the fire （火のまわりに）
- around the lake （湖のまわりに）

between
～（個別の2つのもの）の間に

- between the trees （木と木の間に）
- between you and me （あなたと私の間に）

among
～（3つ以上のまとまったもの）の間に

- among the trees （木々の間に）
- among the people （人々の間に）

A